Elogios par[a]

"Como un escritor y lector que [...] que Maria Felipe, siempre aprecio un libro corto que va directamente al grano y persiste en decir lo importante. El concepto central que expone Maria es que la felicidad es un trabajo interno. Aunque salirse del hábito de la infelicidad requiere esfuerzo, definitivamente vale la pena. Maria logra recordarnos que aprender a ser feliz ¡debe ser divertido!"

— **Gerald G. Jampolsky, MD**, autor de
Amar es liberarse del miedo

"El libro de Maria Felipe, *Vive feliz*, es tan sencillo como retador. Ella te lleva de la mano gentilmente, con un amor maternal, y te suelta en el mundo con su guía sabia, y con ejercicios fáciles que seguramente transformarán tu vida y te permitirán encontrar tu felicidad. Yo he leído muchos libros de auto-ayuda en mi vida, pero nunca he leído uno tan sencillo, claro, y accesible en su mensaje. Maria lleva el género de la auto-ayuda a otro nivel al decirte honestamente que leer este libro no te va a hacer feliz. Eso, para mí, ¡es extraordinario y refrescante!"

— **Eva Tamargo**, actriz en
Passions y *The Haves and the Have Nots*

"*Vive feliz* es una guía concisa y vivaz que nos dice cómo podemos sobreponernos al miedo, vivir auténticamente y encontrar una felicidad interior que no depende de las circunstancias externas. Leer las palabras claras y prácticas de Maria Felipe no es leer un libro de auto-ayuda, es más como tener una conversación con una amiga en la que confías."

— **Marci Shimoff**, autora de *Feliz porque sí*

"Habiendo conocido a Maria Felipe por muchos años y habiéndola oído articular su verdad, sabía que este iba a ser un libro excelente. No me decepcionó. Sé que *Vive feliz* te hará más consciente de tu verdadera naturaleza y te ayudará a derribar las barreras que se interponen a la hora de vivir tu vida plenamente. Recomiendo encarecidamente este libro tan importante y entretenido."

— **Gary Renard**, autor de
la trilogía *La desaparición del universo*

"Lo mejor de *Vive feliz* son los ejemplos prácticos que Maria Felipe nos comparte, y que demuestran los conceptos de *Un curso de milagros* aplicados a la vida diaria. La felicidad es nuestra esencia natural y Maria nos lo muestra con su transparencia y su voluntad de confiar en Espíritu."

— **David Hoffmeister**, autor de
El perdón cuántico: física, te presento a Jesús

VIVE
FELIZ

VIVE
FELIZ

QUÍTATE DEL MEDIO Y DESCUBRE
EL AMOR DENTRO DE TI

Maria Felipe

Traducido por Taína Cuevas Figueroa

New World Library
Novato, California

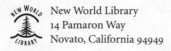

New World Library
14 Pamaron Way
Novato, California 94949

Diseño del texto por Megan Colman

Library of Congress Cataloging-in-Publication data está disponible.

Primera impresión, Diciembre 2017

Formato impreso ISBN 978-1-60868-532-5
Formato e-book ISBN 978-1-60868-533-2

Impreso en los Estados Unidos de América en papel 100% reciclado post consumo.

New World Library está orgullosa de haber obtenido Certificación de Oro Como Imprenta Ecológicamente Responsable (Gold Certified Environmentally Responsible Publisher). Esta certificación es otorgada por Green Press Initiative. www.greenpressinitiative.org

10 9 8 7 6 5 4 3 2 1

Felizmente le dedico este libro a mi mami — quien, sin importar mis problemas de aprendizaje, siempre me hizo sentir como si fuera la niña más inteligente y talentosa del mundo.

Contenido

Prólogo

Cuando conoces a Maria Felipe, te das cuenta de inmediato que estás frente a una mujer segura, alegre, honesta, directa y feliz. Nos conocimos no hace mucho, tratando las dos de lograr un sueño que no se nos dio. Pero lo que atesoro de esa aventura son las grandes mujeres que conocí, y puedo decir, sin temor a equivocarme, que en primer lugar se encuentra Maria.

Desde el momento en que nos presentaron, Maria me hizo sentir que encontraría una amiga en ella y no me equivoqué. Comenzó la plática y entre risa y risa, me dice que es ministra en una iglesia... ¡¿Qué?¡ Fue una gran sorpresa y una enseñanza; nunca pensé que las mujeres dedicadas a la espiritualidad lucirían tan guapas y arregladas como Maria, pero bueno, ¡también el salirse de lo común es parte de su esencia!

Pues ahí estaba yo, frente a esta mujer, que en lugar de darme un "sermón" me hizo reír, me hizo reconectar varios cables sueltos que tenía en mi mente y con quien, al mismo tiempo, hice una conexión muy fuerte. Seguimos platicando y descubrí que era maestra de *Un curso de milagros*, un libro que ya antes había salvado mi vida, y así, de momento, todo tuvo sentido — fue entonces que entendí cómo una mujer que había pasado por tantas pruebas en la vida estaba ante mí, intacta, sonriendo, dispuesta a vivir, a ser libre, a volar, a disfrutar y, sobre todo, a siempre ser feliz.

Algo muy similar a mi primer encuentro con Maria me pasó cuando leí *Vive feliz*. De repente uno se encuentra frente a una realidad que parece demasiado buena para ser verdad, demasiado honesta, demasiado segura y feliz. Desde el primer párrafo, encuentras la seguridad que necesitas para dejarte llevar por las palabras impresas. Poco a poco, sin darte cuenta, haces presente errores que creías dormidos pero aún dolían, y te das cuenta de lo que debes soltar, perdonar, aceptar y agradecer.

Más adelante te encuentras con la propia Maria narrando esos momentos difíciles que tuvo que pasar para llegar a vivir su felicidad. Entonces, comprendes más, la conoces un poco más, la simpatía se agudiza, al igual que las ganas de crecer espiritualmente y de ser feliz. Al fin de cada capítulo, como receta para un gran pastel, un recordatorio de los pasos a seguir: mantras, oraciones, todas las herramientas necesarias para alcanzar el objetivo de vivir feliz.

Desde que descubrí *Un curso de milagros*, he tratado de

encontrar la mejor manera de usarlo para animar a amigos y/o familiares que piden ayuda a gritos (sin a veces saberlo), pero siempre me era muy difícil hacerlos entender. Que cambiar no es tarea fácil, vamos, yo sé mejor que nadie el trabajo que puede costar. Pero también sé que una vez ordenas tu mente y comienzas a trabajar con las herramientas adecuadas, no es tan difícil como parece. El problema es llegar a ese punto, dejar el ego atrás y darnos cuenta que necesitamos cambiar, que merecemos ser felices y que debemos darnos ese permiso.

Normalmente vivir en la obscuridad te vuelve ciego, y el miedo hace de todo para que no puedas recuperar la vista. Pero una vez que se encuentra el interruptor, una vez que se sabe que las cortinas han estado cerradas todo ese tiempo, sólo por curiosidad es inevitable querer encender la luz o correr la cortina para dejar el sol entrar a nuestras vidas.

Cuando llegó *Vive feliz* a mis manos, no sólo comprobé lo talentosa, agradable y sabia que es Maria, sino que además me sirvió como recordatorio de todos los lugares a los que no debo regresar y de los errores en que la rutina te puede hacer caer. Me dio los pasos a seguir para aquellos momentos dolorosos; porque no todas las experiencias son ideales, pero la vida sigue y todo depende de si queremos que esas pruebas sean un aprendizaje o no.

En *Vive feliz*, encontrarás la manera más fácil de enfrentar al ego, al miedo, a todos los conceptos erróneos que alguna vez pusieron en nuestra mente, y que hoy se pueden convertir en pequeños infiernos que nos consumen día tras día. Con este libro, Maria hace que encuentres el interruptor más fácil, para así dejar de vivir en la obscuridad y renacer en la luz, donde todos deberíamos de estar.

Maria es una mujer que aprende de todas las lecciones a las que se ha enfrentado y, en lugar de lamentarse, sale adelante. Pero, lo que es mejor, nos dice como lo ha hecho ella para que así nosotros también podamos seguir adelante, sonriéndole a la vida.

Lo más maravilloso de esto es que pone en nuestras manos la receta que todos necesitamos para ser felices. Y, como el libro y Maria son iguales, lo hace de una manera divertida, directa, honesta y dejándonos ver todos esos momentos que la llevaron a ser la gran mujer que es hoy. Pero lo más bello de mi amiga es que esa felicidad no la quiere solamente para ella; no, ella sabe que su misión en esta vida es correr la voz de que la felicidad sí existe, está en nuestras manos y…¿qué creen? Que no es tan difícil alcanzarla como parece. ¡Gracias, Maria, por enseñarnos a vivir feliz!

— Angélica Vale, exitosa actriz,
cantante y comediante mexicana

Introducción

Esta es la verdad acerca de ti mismo: Tú eres fuerte, eres poderoso, eres suficiente — y nunca, nunca estás solo.

De hecho, esta es la verdad acerca de cada uno de nosotros. Pero si esa es la realidad ¿por qué no nos sentimos así todo el tiempo? ¿Por qué seguimos en el sube y baja, sintiéndonos bien un día y llorando como magdalenas al otro? ¿Por qué leemos docenas, quizás cientos, de libros de auto-ayuda, asistimos a un sin número de seminarios, pero seguimos sintiéndonos tristes y vacíos? Probamos un trabajo tras otro, un romance tras otro, hasta una religión tras otra y seguimos sin encontrar nuestro propósito — y sin saber por qué la felicidad parece estar cada día más lejos.

Yo he estado ahí y sé lo que se siente, y lo que he aprendido sobre la verdadera felicidad es la razón de ser de este libro. He aprendido que puedes ir a los seminarios, repetir afirmaciones, puedes hasta caminar sobre carbones calientes, pero no vas a vivir feliz hasta que entiendas como funciona tu mente y reconozcas tu propia divinidad. No lo digo a la ligera y no te prometo que sea fácil. Pero sí puedes hacerlo — y si estás leyendo este libro, ha llegado el momento de comenzar.

Recorremos este camino juntos y al tú despertar a tu verdad, yo despierto a la mía. Voy a compartir unas herramientas espirituales que realmente funcionan, pero tienes que ponerlas en práctica. Si lo haces, no sólo vivirás feliz, vas a contribuir a que el mundo entero viva con la felicidad que merece.

Cómo llegué aquí

Antes de convertirme en ministra y maestra de *Un curso de milagros*, era actriz, modelo y anfitriona de programas de televisión. Aparecía en revistas, pasarelas, programas de TV y comerciales que pasaban por todos los Estados Unidos. De hecho, fui la primera latina en ser anunciadora de peleas de boxeo. Todavía me oigo: "en la esquina roja, de Los Mochis, México, pesando 139½ libras, ¡Humberto Sotoooo! Y en la esquina azul, de Guadalajara, México y pesando 140 libras, ¡Jorgeeee Solís!" Después, cuando trabajaba para el reconocido programa de lucha libre, WWF (ahora WWE o World Wrestling Entertainment) entrevistaba a luchadores, en vivo y en directo, frente a una audiencia de más de 20 mil personas. Eso puede sonar emocionante. Pero, la verdad, para mí era horroroso.

Recuerdo ir bajando por la rampa hacia el cuadrilátero,

sintiendo tanto miedo que parecía que el corazón se me iba a salir del pecho. Todo lo que me pasaba por la cabeza era: *¿Podré hacerlo? ¿Seré suficientemente buena para esto? ¿Le gustaré al público? ¿Me contratarán para hacer el resto de los shows?*

Por lo menos en ese tiempo tenía un novio francés increíblemente romántico. Era muy cariñoso y detallista. Cuando salí en la revista *People en Español*, él corrió a comprar todas las copias que encontró y me sorprendió con ellas en el aeropuerto cuando regresé a casa. Pero no importaba lo que el pobre hombre hiciera, yo siempre sentía que no merecía su amor y andaba obsesionada con la idea que me iba a ser infiel.

Yo leía todos los libros de auto-ayuda que encontraba, asistía a talleres, repetía afirmaciones, pero nada me ayudaba. En fin, tenía una gran carrera, un novio maravilloso, un buen apartamento cerca de la playa en Miami...y era completamente infeliz.

Estaba hecha un total desastre en eses tiempos, pero ahora sé que todos hacemos lo mejor que podemos con el nivel de entendimiento que tenemos. Allá para mis veintes, yo soñaba con ser amada — amada por todos, amada por el mundo entero. Lo que no sabía entonces es que lo que realmente buscaba era el amor de Dios... ¡y que ese amor ya lo tenía dentro de mí!

Me era imposible vivir feliz porque estaba en un trance, viviendo como una marioneta manipulada por mi propio ego. Era el ego el que me decía que iba a ser feliz cuando me escogieran para ese comercial, ganara ese Oscar, o me casara y tuviera hijos. Mi vida estaba compuesta de un problema sin solución tras otro y cada uno de esos problemas parecía *muy* importante. Mientras más buscaba amor, más lejos de me parecía.

Entonces, en el 1995, encontré el libro *Volver al amor (A Return to Love)* de Marianne Williamson. En ese momento estaba pasando por una depresión seria y sus palabras me dieron gran alivio. Pero lo que más profundamente me tocó fueron las citas que la autora sacó de otro libro, uno llamado *Un curso de milagros*. Yo nunca había oído de ese extraño libro azul y pasarían otros seis años antes de que finalmente comenzara a estudiarlo.

Pero un día, ojeando libros en la librería de la iglesia Unity on the Bay en Miami, oí un aviso anunciando una clase de introducción a *Un curso de milagros* que empezaba en ese momento en la sala de al lado. Inmediatamente me intrigó y fui. No estaba ni remotamente preparada para lo que nos dijo ese maestro: Somos completamente responsables de nuestras experiencias; no somos víctimas de nadie ni de nada; sólo el amor es real y todo lo demás es ilusión.

Me quedé estupefacta. Pero…*¡¿cómo que soy responsable de todo lo que veo y no soy víctima del mundo?!* Yo sencillamente no estaba lista para aceptar eso. Entonces el maestro nos dijo que el Curso hablaba del verdadero perdón y que lo define como el entendimiento de que nadie nunca nos ha hecho nada.

¡¿Qué, qué?!

Ahí es que me caí de la silla…no, literalmente me caí de la silla. ¡Y qué vergüenza tener que pararme del piso frente a todo el mundo! Pero al pararme, sentí algo poderoso, una sensación que me decía que había encontrado mi camino, aún sin haber entendido nada de lo que oí ese día.

Veinte años después de leer acerca de *Un curso de milagros* (*UCDM*) por primera vez — y después de mucho estudio para certificarme como ministra de la escuela de *UCDM*, *Pathways of Light* (Caminos de Luz), el mensaje me queda más claro. Este sistema de pensamiento espiritual autodidáctico nos explica cómo desarrollar una relación con el maestro interno, al cual llama "Espíritu Santo," y así nos lleva a cambiar la forma en que vemos al mundo. Este "cambio de percepción" es lo que el Curso llama un *milagro*.

Cómo usar este libro

Para mí, *Un curso de milagros* ofrece todas las herramientas internas que necesitamos para liberarnos de las cadenas enfermizas del ego y poder descubrir el poder que ya llevamos dentro. El Curso lo pone así: "Tu tarea no es ir en busca del amor, sino simplemente buscar y encontrar todas las barreras dentro de ti que has levantado contra él" (*UCDM*, Cap. 16, Sección IV).

Vamos a hablar claro: buscar y encontrar todas las barreras que hemos levantado en contra del amor no es ninguna fiesta. Tenemos que enfrentar nuestros sentimientos de tristeza, abandono, miedo y pérdida y tomar responsabilidad por *todo*. Tenemos que aprender a confiar en la voz del maestro interno en vez de escuchar nuestros propios malos consejos, lo que significa dejar ir el ego y sus pretensiones. Esto implica dejar de manipular a otros, dejar de tratar que las cosas sucedan exactamente como queremos que sucedan y, lo más importante, dejar de buscar la felicidad "allá afuera," donde nunca la vamos a encontrar.

Este libro es una guía sencilla, aunque no necesariamente fácil, para aprender a vivir feliz. Voy a compartir herramientas espirituales prácticas que te harán el recorrido más fácil, además de historias sobre mi propio camino y de otros con quien he trabajado. Yo no ayudo a mis clientes diciéndoles que hacer, sino enseñándoles que tienen la respuesta en su interior.

Te pido que confíes en mí y que seas gentil contigo mismo. Paso a paso, voy a entrenarte a escuchar la voz correcta, la voz que te va a llevar a la libertad de vivir consistentemente feliz. Vas a sentirte feliz aun cuando tengas lo que antes llamabas "problemas." ¿No te parece eso un milagro?

La intención de este libro

De la misma manera que comienzo todos mis talleres, te ofrezco este libro con una intención. Las intenciones son diferentes a las expectativas, que al final siempre terminan decepcionándonos. Por ejemplo, te aconsejo que dejes ir cualquier expectativa de que este libro te va a hacer feliz. No hay nada afuera de ti que pueda darte la felicidad, incluyendo este libro. Mi intención con este libro es ayudarte a ver que ya tienes toda la felicidad que siempre has querido y que puedas querer esperando a que la reconozcas dentro de ti.

Como dice el Curso: "Si no le prestases atención a la voz del ego, por muy ensordecedora que parezca ser su llamada; si no aceptases sus míseros regalos que no te aportan nada que realmente quieras, y si escuchases con una mente receptiva que no te haya dicho lo que es la salvación, podrías entonces oír la poderosa Voz de la verdad, serena en su poder, fuerte en su quietud y absolutamente segura de Sus mensajes" (*UCDM, Libro de ejercicios*, Lección 106).

El secreto de *vivir feliz* es que no tienes que encontrar algo o alguien allá afuera antes de reclamar tu felicidad. Pero es útil identificar cualquier barrera que se interpone entre ti y la felicidad — incluyendo el miedo, la impaciencia y la duda. Vamos a examinar esas barreras en detalle más adelante. Por ahora, simplemente tienes que estar dispuesto a renunciar a todo lo que esté bloqueando la alegría que tanto mereces vivir. Así es cómo dejas de ser un obstáculo en tu propio camino y permites que la voluntad de Dios — que es lo mismo que la intención del amor — se manifieste en vez de la tuya.

Yo seré tu entrenadora espiritual, pero tú vas a tener que hacer el trabajo. En estos momentos, todo lo que necesitas es lo que el Curso llama "una pequeña dosis de buena voluntad," y el resto caerá en su sitio. Declara en este momento: *Estoy dispuesto*. Y ahora ¡empecemos!

Queridísimo Espíritu Santo,

Te entrego mi experiencia con este libro. Estoy dispuesto(a) a dejar ir mis expectativas y a simplemente disfrutar esta aventura. Permito que entres en mi mente, que abras la puerta para yo ver lo que tenga que ver, y así yo poder sanar y vivir en la felicidad que me merezco. Guíame diciéndome qué leer o releer, cuanto tiempo pasar en cada lectura y como aplicar las enseñanzas que más me van a ayudar.

Amén.

CAPÍTULO 1

Tú no eres malo y no te vas a quemar en el infierno

El sufrimiento no es felicidad, y la felicidad es lo que realmente deseas.

— UCDM, *Libro de ejercicios,* Lección 73

Muchas personas sufren porque tratan de vivir de acuerdo a las expectativas que se les han impuesto. Estas expectativas pueden venir de la iglesia, de la comunidad o hasta de su propia familia. Recuerdo que cuando yo tenía doce años, asistí a un retiro católico donde me dijeron que la expectativa era que confesara mis pecados ante un cura. ¡¿Qué?! Recuerdo que pensé que esto no tenía sentido porque:

1. Yo no era una pecadora, y
2. Si lo fuera ¿por qué se lo iba a confesar a un extraño?

También fui a una charla donde me dijeron que uno no debía tener sexo antes del matrimonio y que gustarle alguien del mismo sexo era pecado. Recuerdo haberme reído para mis adentros, pensando, *¡Pero…qué ridiculez!*

Mis papás son de religiones diferentes — mi papá es presbiteriano y mi mamá, católica. Cuando les expliqué que no estaba cómoda con lo que oía en la iglesia, me dijeron que yo podía escoger mi religión cuando fuera mayor. Eso fue una verdadera bendición porque entendieron que, aunque yo era joven, yo conocía la verdad. Y, en realidad, todos la conocemos, sólo que la olvidamos de vez en cuando. Lo que casi siempre se interpone entre nosotros y el recuerdo de la verdad es la culpa — un parásito escondido en nuestras mentes que se alimenta de nuestra energía y no nos deja vivir felices.

Una y otra vez veo cómo mis estudiantes y clientes llevan una carga pesada de culpa por algo que hicieron en el pasado, algo que los ha llevado a creer que son básicamente malos. Dicen cosas como:

"Mentí, fui infiel, y dejé a mi familia."
"Debí de haber esperado más tiempo antes de decirle a mi familia que era gay."
"Hice algo tan malo en el pasado que ya no soy como los demás."

Un curso de milagros nos dice que en realidad nos sentimos culpables por una sola razón: porque creemos que nos hemos separado de Dios. Aunque aparente ser que tenemos muchos problemas distintos, es éste el único problema. Al principio puede parecer difícil de comprender; yo tampoco lo entendí por mucho tiempo. Por ahora te pido que confíes, te voy a ayudar a entender porque esto es así.

¿Quién es Dios?

Antes que nada, ¿quién es Dios en realidad? El Curso ofrece una descripción sencilla: "Dios es sólo amor y, por ende, eso es lo que soy yo" (*UCDM, Libro de ejercicios,* Lección 171).

Esto significa que nuestra Fuente es puro amor, no un Padre que castiga y juzga, que quiere que confesemos nuestros pecados, que sigamos mandamientos y que creamos en ciertas cosas y en otras no. Para muchos de nosotros, el amor parece estar muy lejos y, sin pensarlo mucho, nos culpamos por esa distancia que sentimos.

Para colmo, como si no fuera castigo suficiente el creer que nos hemos separado de nuestra Fuente de amor que es Dios, vivimos temiendo el castigo que creemos que Él nos dará por alejarnos. Nos castigamos a nosotros mismos, creyendo que lo merecemos. Creamos conflictos sin solución — lo que yo llamo nuestros *grandes problemas* — para pagar por el error de separarnos de Dios. Entonces nos obsesionamos con la apariencia de esos problemas en vez de encontrar su verdadera causa. Como nos dice el Curso, *nunca estamos disgustados por la razón que creemos* (*UCDM, Libro de ejercicios*, Lección 5).

Sin darnos cuenta, creamos un mundo entero de ilusiones para escondernos de un Dios cruel — aunque en realidad Él nunca lo ha sido. Cargamos con nuestra culpa donde quiera que vamos, en cada situación y relación a la que entramos. Esto se siente muy mal, así que decidimos culpar a los demás por nuestro dolor. Proyectamos nuestra culpa hacia afuera, fingiendo que es parte del mundo externo y no de nosotros mismos.

Y ahí es que nos fastidiamos.

El resultado de esta proyección es desconfianza, infelicidad y traición entre individuos y, en su manifestación extrema, guerra entre culturas y naciones. Nos convencemos que nuestra infelicidad la causan los demás y nos quedamos atrapados en conflictos que, sean grandes o pequeños, parecen imposibles de resolver. Generalmente no vemos que las raíces de estos conflictos yacen en la creencia de que de alguna manera nos hemos separado de Dios y que nos sentimos desconectados de Su amor.

¿Cómo perdimos contacto con el amor?

En el principio, había felicidad absoluta. Esto se conoce metafóricamente como el Jardín del Edén, pero en realidad es simplemente un estado mental, uno de pura dicha y éxtasis. Ni la condena, ni la tristeza, el enojo o enfermedad existían en este jardín…sólo el amor. Pero entonces un pensamiento absurdo surgió: "¿qué tal si hay algo más?" Ese fue el principio de la duda y como nos indica el Curso, "desde entonces nadie ha estado seguro de nada" (*UCDM*, Cap. 3, Sección V).

Y ¿cuándo es que nació este pensamiento errado? La respuesta es sencilla: hace un instante.

Ha surgido innumerables veces, pero el único momento que cuenta es el más reciente, porque el único momento que importa es el ahora. Pensamos constantemente que estamos separados de Dios, distanciándonos del amor que es nuestra naturaleza verdadera. Por eso nos quedamos en un mundo tan doloroso. Cuánto tiempo hemos pasado en esto es irrelevante.

Si quieres vivir feliz en vez de permanecer atrapado en un mundo de separación, tienes que entender que has creado todos esos *grandes problemas* que te mantienen en ese estado. He aquí unos ejemplos comunes de lo que consideramos *grandes problemas*:

- No tengo dinero para pagar los impuestos.
- La política de hoy en día está arruinando el país.
- El sistema está ensañado en mi contra.
- Tengo que presentarme en la corte.
- ¡Él no me ha llamado!
- No me dieron el trabajo.
- Se me perdió la licencia de conducir.

Crees que todos esos problemas son reales, les das credibilidad y les entregas tu poder. Parece ser que todo está pasando afuera de ti, y pasas días preocupándote y noches perdiendo el sueño.

Puede que ahora mismo estés pensando: ¡pero es que mis problemas sí están sucediendo! Tengo que resolverlos. ¡Sí existen! Yo solía sentirme igual, hasta que empecé a mirar más allá de la forma de las cosas y ver desde una perspectiva más amplia. Gradualmente, me di cuenta que si seguía creyendo en la apariencia de los problemas, iba a seguir perdiendo mi paz y nunca la tendría de vuelta.

Pero te traigo buenas noticias — aunque *parece* que nos hemos separado de Dios, todavía estamos *con* Él y *en* Él. Nuestro Padre nos ama tanto que nunca crearía este mundo enfermizo y deprimente para nosotros. Puede que pienses que es la voluntad de Dios que suframos para poder aprender y crecer, pero ¿de verdad crees que un padre amoroso nos haría eso?

Según el Curso, Dios no es una divinidad distante que se sienta allá arriba a juzgarnos y a repartir castigos o recompensas. Dios es sencillamente la naturaleza de perfecto amor que todos tenemos dentro. Olvidar a Dios es olvidar quienes realmente somos. Olvidarnos a nosotros mismos es escoger mirar al mundo con los ojos del miedo, cuando tenemos la opción de verlo con los ojos del amor. Mirar con miedo es muy común ¡pero no es obligatorio!

La solución a todos nuestros problemas

El mejor método de resolver problemas comienza entendiendo donde NO están. Nuestros problemas no están allá afuera; están en nuestra mente. Cuando creemos que están allá afuera, rápidamente van a crecer en número e intensidad hasta que parece que estamos viviendo en el infierno. El infierno no es ese lugar horroroso donde Dios nos envía por ser malos; el infierno es la infelicidad que vivimos en este mundo ahora. Para vivir felices, tenemos que enfrentar todos nuestros *grandes problemas* y perdonarlos. En otras palabras, dejamos ir esos pensamientos negativos y absurdos que repetimos día tras día. La verdad es que nosotros mismos creamos nuestras experiencias, así que podemos empezar ahora mismo a crear unas mejores.

Por ejemplo, en el 2009, cuatro años después de que me casé, me convertí en una estadística de divorcio más. Al principio, sentí una tristeza profunda, pero no reprimí mis sentimientos. Me permití llorar, desahogarme, ¡hasta gritar! Ese mismo año, empecé mis estudios con Caminos de Luz (*Pathways of Light*), donde fui a sanar el dolor de mi matrimonio fracasado. Los estudios de Caminos de Luz me ayudaron a manejar mis emociones más efectivamente al enseñarme cómo entregárselas a mi guía interna, lo que discutiremos más en detalle en el próximo capítulo.

Caminos de Luz y *Un curso de milagros* me llevaron a deshacerme de los pensamientos fatalistas como *"ay, esto es un problema demasiado grande...me estoy divorciando ¡mi vida se acabó!"* Empecé a soltar el problema al aceptar lo que sentía y entregárselo todo a algo más grande: Dios. Yo no era capaz de sanarme sola; necesitaba ayuda interior. Pidiendo esta intervención divina, pude transformar los pensamientos auto-destructivos, como los que me decían que "debe haber algo que está mal en mí porque me voy a divorciar."

El cambio de percepción

El Curso define al *milagro* como un cambio de percepción, o sea, tomar la decisión de ver las cosas de una manera diferente. Por ejemplo, una vez yo me permití realmente sentir el dolor inicial de mi divorcio, pude escoger otra manera de verlo. Para mí, estos "cambios de percepción" se manifestaron así:

* Escogí ver cuanto crecí en la relación, cómo me hizo más humilde y, a la vez, más segura de mí.
* Escogí ver cómo me enseñó lo que verdaderamente significa trabajar en equipo.
* Escogí ver que amar a mi esposo significaba estar dispuesta a dejarlo ir para que encontrara su felicidad (y para que yo también encontrara la mía).
* Escogí ver que los dos éramos mejores personas gracias a nuestro matrimonio.

- Escogí sentir gratitud porque ahora teníamos la habilidad de extender aún más amor al mundo por todo lo que aprendimos juntos.

Por último, el regalo más hermoso que me dio el *gran problema* de mi divorcio es que me ayudó a encontrar mi propósito. Buscar sanación después de mi divorcio me llevó a mis estudios ministeriales, ¡lo que definitivamente nunca había estado en mis planes antes de casarme! Así es cómo aprendí una de las lecciones más grandes de mi vida espiritual: que una belleza extraordinaria puede surgir de los momentos más difíciles. Buscar un milagro conlleva enfrentarte a esos lugares oscuros dentro de ti que todavía necesitan sanar. Es entonces que se disuelven las barreras que no te habían dejado ver *el Amor que realmente eres* — es decir, Dios dentro de ti. También significa aprender a reconocer el "orden divino" en cualquier situación, aún la más difícil. Tienes que permitir un cambio de percepción milagroso para ver ese orden y así poder vivir feliz.

Déjame darte un ejemplo de algo que me parecía un *gran problema* que, aunque no tan serio como el divorcio, también me enseñó algo muy valioso. Una vez recibí una carta del Departamento de Tesorería de los Estados Unidos informándome que los impuestos de mi negocio estaban atrasados y que, por consiguiente, se me iba a imponer un recargo. Decía la carta que, si me rehusaba o no pagaba antes del plazo límite, me podían imponer multas, embargar mi cuenta de banco o hasta mandarme a la cárcel. ¡Dios mío! Unos años antes me hubiese dado un ataque de nervios, pero para ese entonces ya tenía práctica con el asunto de no permitir que los *grandes problemas* me alteraran. En vez de sentirme como víctima bajo amenaza y reaccionar con miedo, simplemente me senté y escribí una carta calmada y objetiva al Departamento de Tesorería, explicando que no sabía que la fecha de entrega era diferente de la de los impuestos individuales porque mi contable no me lo había informado. Envié la carta y dejé de preocuparme.

Después de algunos meses, recibí una carta notificándome que no iban a imponer recargos ya que era la primera infracción. Pensé: ¡Mira esto…no me dejé llevar por mis propios miedos y el Departamento de Tesorería de repente se volvió amable!

Pero ¡cuidado! Por favor nota que la clave era ser feliz *no importa el resultado*. Si hubiese recibido la noticia opuesta y se me hubiesen impuesto multas y recargos, recordaría que la situación estaba dentro de mí y que tenía que parar de pensar en lo *grande* que era el problema. Así podía enfrentar la situación manteniendo mi alegría, porque sé que siempre hay una manera de seguir bailando ¡no importa lo que pase! *¡Rumbaaaa lala rumbaaa!*

Práctica: Enfrentando tus *grandes problemas*

Ahora quiero que hagas una lista de todos los pensamientos negativos que experimentas regularmente, esos que te hacen sentir miedo, escasez, culpa e inseguridad.

1. ¿Cuáles son los problemas más grandes que tengo en estos momentos?
2. ¿A qué consecuencias le tengo miedo?
3. ¿Qué pensamientos me entristecen?

Al describir estos problemas que estás enfrentando, sigue estas cuatro reglas:

1. Sé lo más honesto, auténtico y vulnerable que puedas.
2. No trates de ser muy "espiritual" sobre lo que realmente sientes y piensas.
3. Sé gentil contigo mismo.
4. Confía en el proceso.

Muchos de mis clientes tienen algo de dificultad siguiendo estas reglas, especialmente con la número 2 si están muy identificados con ser espirituales o religiosos. Se resisten a afrontar las emociones difíciles diciendo:

*   No quiero sentir eso porque ya está en el pasado, y he estado orando y meditando.
*   ¿Cuál es el punto de sentir esas emociones si no me gustan?
*   No quiero mirar esos pensamientos oscuros porque ya no representan quien soy.

Sin embargo, no es nada espiritual negar la verdad o esconder los sentimientos que no nos gustan. Fingir que estamos bien no es lo mismo que ser verdaderamente felices. Así que haz la lista de tus *grandes problemas* sin censura y vamos a trabajar con ella en el próximo capítulo.

PUNTOS CLAVES

- Muchas veces sufrimos por una combinación de expectativas sociales y culpa personal.
- La presión y la culpa pueden hacernos sentir que estamos sobrecargados de problemas.
- En realidad, sólo existe un problema: la creencia de que estamos separados de Dios, o del Amor dentro de nosotros que es nuestra verdadera naturaleza.
- Nos seguimos sintiendo separados e infelices al ver las situaciones de nuestra vida como *grandes problemas* que son imposibles de resolver.
- La clave para resolver todos nuestros problemas está en el reconocer que los problemas no están "allá afuera," sino dentro de nuestra mente.
- Podemos escoger ver nuestros *grandes problemas* de una manera distinta; el decidirnos a cambiar nuestra percepción es lo que *Un curso de milagros* llama un "milagro."
- Para empezar a ver tus problemas de una manera distinta, tienes que ser honesto acerca de ellos, pero también gentil contigo mismo — ¡y no tratar de ser muy "espiritual"!

CAPÍTULO 2

Tú no eres quién crees que eres

No hay afirmación que el mundo tema oír más que ésta: "No sé lo que soy, por lo tanto, no sé lo que estoy haciendo, dónde me encuentro, ni cómo considerar al mundo o a mí mismo."

— UCDM, Cap. 31, Sección V

Hay una decisión fundamental que tomamos todos los días, momento a momento: ver el mundo a través de los ojos del amor o verlo a través de los ojos del miedo.

De acuerdo a *Un curso de milagros*, esto significa decidir entre el sistema de pensamiento del Espíritu Santo o el del ego. El mundo en el cual vivimos hoy en día es como es porque la mayoría de nosotros escogemos el ego (ver el mundo a través del miedo) la mayor parte del tiempo. Por eso tendemos a pensar que estamos separados, solos, que somos culpables y que no merecemos amor.

Pues, me perdonan el lenguaje, pero les tengo que informar que ¡eso es un montón de caca!

De hecho, yo llamo al ego la "voz *cuckoo*," o la voz loca:

la parte de la mente que constantemente se preocupa, juzga, teme y resiente.

Créeme cuando te digo que el objetivo del ego es matar tu felicidad.

Por fortuna, tenemos otra opción, una opción que nos lleva a una manera distinta de pensar. El Espíritu Santo está siempre presente en nuestras mentes, esperando la oportunidad de recordarnos que ser feliz ¡es nuestro derecho divino! Tenemos el poder de escoger ser libres y, aun si nos olvidamos que tenemos esa opción, siempre nos llegan más oportunidades de escoger el amor en vez del miedo. La paciencia y la gentileza del Espíritu Santo son infinitas. Cuando parece que nos alejamos, Él simplemente espera nuestro regreso.

Perdemos nuestro camino porque el ego puede ser muy poderoso. Nos convence de que dos ideas contradictorias son ciertas: La primera es que *no* merecemos amor; la segunda es que de alguna manera vamos a encontrar la felicidad allá afuera en el mundo, aunque en realidad no la merecemos. Así el ego nos convence que seremos felices si encontramos el trabajo perfecto o la relación perfecta. O si tenemos mucho dinero en el banco. O si nos graduamos de la universidad. O a lo mejor si nos dan un ascenso, ahí sí que seremos felices. Pero el Curso nos dice muy claro: "La regla del ego es 'busca, pero no halles' [y] 'trata de aprender, pero no lo logres" (*UCDM*, Cap. 12, Sección V). En otras palabras, no tenemos manera de ganar el juego del ego.

Tu felicidad viene de adentro

Tenemos dos maestros para escoger. Dependiendo del sistema de pensamiento que escojamos, estamos literalmente decidiendo si vivir en el infierno (adonde nos lleva el ego) o en el paraíso (el vecindario del Espíritu Santo). Estos no son lugares en el más allá; son las maneras en las cuales percibimos nuestra existencia aquí en la tierra. Experimentamos nuestro mundo exactamente como escogemos experimentarlo: "Tu imagen del mundo tan sólo puede reflejar lo que está dentro de ti. Ni la fuente de la luz ni la de la obscuridad pueden encontrarse fuera de ti" (*UCDM*, *Libro de ejercicios*, Lección 73).

Por ejemplo, un día cuando estábamos tramitando el divorcio, mi ex-esposo me llamó para expresar su ira, algo que me dejó muy molesta. La reacción de mi ego fue inmediata: pero *¿quién se cree que es? ¡Qué idiota! Pobre de mí, yo no hice nada malo. Además, él me debería estar pagando pensión y…*bla bla bla.

Pero después de un rato, me di cuenta adonde me estaban llevando mis pensamientos y empecé a orar: "Espíritu Santo, estoy muy triste. Todos mis pensamientos parecen herirme. Tengo que haber escogido mal, así que ahora quiero escoger otra vez. Sana mi mente, Espíritu Santo — quiero sentir paz en vez de esto."

Para mi sorpresa, una tranquilidad absoluta me invadió. De hecho, ¡hasta empecé a reírme! Me di cuenta que lo que estaba pensando venía del ego, la parte de mi mente guiada por el miedo, y que no tenía que creerle. Recordé este principio del Curso: "Todo lo que aceptas en tu mente se vuelve real para ti. Es tu aceptación lo que le confiere realidad" (*UCDM*, Cap. 5, Sección V). Después de eso, ¡el resto de mi día fue maravilloso!

Los cuatro trucos del ego

¿Por qué escogemos la locura del ego? Sencillo:

- Creemos que somos el ego.
- No sabemos cómo *no* escucharlo.
- Nos falta disciplina mental.

Nos olvidamos de nuestra bondad innata, lo que nos lleva a creer lo que dice el ego. El Espíritu Santo es nuestra línea directa a Dios y la parte de nuestra mente que nos recuerda la verdad: que fuimos creados por el Amor mismo, también conocido como Dios. Al olvidarnos que estamos hechos de Amor y somos parte de Dios, negamos la realidad. El Espíritu Santo lo sabe y puede ayudarnos a despertar si así lo queremos.

La clave para despertar es entender los trucos del ego — es decir, los trucos que nos jugamos a nosotros mismos. Vamos a hablar de los cuatro trucos principales.

Truco del ego 1: Los "deberías"

El ego tiene un tema favorito — debería, podría y habría. Por ejemplo:

"Debería de hacer esto mejor."
"Yo podría haber conseguido ese trabajo."
"Si hubiese seguido mis instintos, todo habría salido mejor."

El ego no sólo usa los "deberías" para castigarnos internamente con sus críticas, sino que también los proyecta hacia los demás:

"Si me amaras, no habrías hecho eso."

"Deberías haber hecho esto como te dije, entonces todo funcionaría bien."

"Podrías estar haciendo más por esta relación."

No importa si nos castigamos a nosotros mismos o a los demás, como ya te dije, este juego nunca se gana. Sólo terminamos decepcionados y frustrados con nosotros mismos y con los que nos rodean. Cuando le haces caso a las expectativas creadas por el ego, no puedes ser feliz porque te consume la preocupación por lo que están haciendo los demás, en vez de trabajar con la verdadera causa de tu frustración: tú mismo.

Tener expectativas no es amar; de hecho, es todo lo contrario. No permites que otros sean como son, imponiéndoles tus ideas de como "deberían" ser. Esto es un truco del ego que te lleva derechito al infierno. Es mejor enfocarte en sanar tu propia mente, dejar ir las expectativas y *confiar* — algo que vamos a discutir unos capítulos más adelante. La confianza es vital para vivir feliz.

Truco del ego 2: Obsesión con el pasado

Al ego le gusta mantenernos estancados en el pasado, pensando en cómo arruinamos todo y cómo podríamos haberlo hecho mejor. Nuestros errores parecen ser la causa de nuestra culpa, pero en realidad, la culpa siempre viene al nosotros creer que nos separamos de Dios, como expliqué en el capítulo 1. Nos sentimos culpables porque, aunque buscamos amor, le tenemos miedo y sabemos que nos hemos conformado con su opuesto.

Por ejemplo, después de romper con su novio, una

clienta me dijo que se arrepentía de haber mostrado tanto interés por él cuando estaban juntos. Por "interés," se refería a haber mostrado los celos que sentía cuando él recibía atención de su ex. Si no hubiese actuado tan celosa en el pasado, ella decía, a lo mejor todavía estaríamos juntos. Así ella vivía atrapada en el pasado, ¡lamentándose por no haber mentido acerca de sus sentimientos! Esto es sólo un ejemplo del sistema de pensamiento demente del ego, que nos convence que el amor real es imposible, así que mejor nos conformamos con algún tipo de culpa.

Cuando nos quedamos en el pasado pensando en lo que hicimos mal, esa es una decisión que tomamos desde el ego.

Truco del ego 3: Obsesión con el cuerpo

Por encima de todo, el ego cree en la separación y el cuerpo es la prueba definitiva de que somos individuos, diferentes a los demás y, por lo tanto, especiales. Servir al cuerpo, cuidar del cuerpo y encontrar distracción y placer mediante el cuerpo son las mayores preocupaciones del ego. De hecho, llegamos a creer que la felicidad está en cuidar el cuerpo lo mejor posible.

Sin embargo, el cuerpo es más comúnmente nuestro "centro de problemas," especialmente si estamos tratando de encontrar propósito, satisfacción y conexiones íntimas a través de él. Por ejemplo, el sexo puede ser fantástico, pero ¿cuántas veces has encontrado que esa satisfacción perdure? ¿Cuántas veces te has sentido horrible después de tener sexo con alguien cuando sabías que no era buena idea, como cuando tratas de "arreglar" las cosas después de una pelea?

En mi matrimonio, la intimidad física fue un problema enorme, así que después que me divorcié, sexo era lo único que quería. Mi ego herido me convenció que iba a ser feliz otra vez si por fin tenía la conexión física que necesitaba, pero todo lo que esa búsqueda me trajo fue tristeza. Puede ser que me sintiera bien por un rato cuando estaba con un hombre, pero ya volviendo a casa me sentía aún más vacía que antes.

Ahora mi experiencia del cuerpo es completamente distinta porque lo uso para extender amor, y no para encontrar amor a través del cuerpo de otro. Déjame repetir eso: Uso mi cuerpo para *extender amor*. Siempre me pregunto: ¿Cómo puedo servir con este cuerpo? ¿Cómo puedo servir *a través* de este cuerpo? Ahora uso mi cuerpo para colaborar con otros maestros, dar charlas, talleres o sermones. Mi cuerpo es un instrumento, lo que significa que no es quién en realidad soy. Está ahí para ayudarme a mí y a otros, no a la inversa.

Truco del ego 4: Tu felicidad está "allá afuera"

Cuando el ego está al mando, sientes que tienes que luchar para que las cosas sucedan y tratas de manipular el mundo ¡a como dé lugar! El ego te susurra constantemente en el oído (pero a todo volumen — lo que en actuación llamamos un susurro de teatro), diciéndote que no vas a ser feliz o libre hasta que tengas suficiente dinero, o la persona adecuada, o el trabajo perfecto. Si eso fuera cierto, no oiríamos tantas historias de personas que tienen una vida que para el mundo parece perfecta, pero son también alcohólicos, drogadictos, o están deprimidos hasta el punto del suicidio.

La verdad es que no hay nada "allá afuera" que te va a dar la libertad o la felicidad porque, en realidad, ya la tienes. Ser feliz es tu derecho divino como hijo perfecto de Dios que ya eres. Es esencial que entiendas los trucos del ego, porque describen cómo es que el ego crea el miedo. Así es cómo vas a reconocer el ego cuando se active en tu mente.

De igual manera tenemos que desarrollar una relación con nuestro maestro interno, el Espíritu Santo, para poder entregarle todos nuestros pensamientos negativos y falsos. ¡Ésta es tu misión si quieres vivir feliz! Cada día tienes la oportunidad de acordarte que los pensamientos del ego no son quién realmente eres; tú eres el que toma las decisiones y el que tiene la opción de escoger otra manera de pensar.

Como nos dice el Curso: "Cada día, cada hora y cada minuto, e incluso cada segundo, estás decidiendo entre la crucifixión y la resurrección; entre el ego y el Espíritu Santo. El ego es la elección en favor de la culpabilidad; el Espíritu Santo, la elección en favor de la inocencia" (*UCDM*, Cap. 14, Sección III).

Para, mira, pide y escucha

¿Cómo puedes recordar quién eres? Primero, aprendiendo a estar consciente de tus pensamientos. Para tomar otra decisión, tienes que saber quién está al mando. Puedes aprender a reconocer la voz loca y todo su chachareo negativo, pero es *muy importante* que estés atento.

Este es el proceso que yo uso:

1. Para: Respira hondo y haz una pausa para ver lo que estás pensando o sintiendo. Si tu mente anda por ahí como loca repitiendo cosas negativas como una cotorra ¡párala!

2. Mira: Ahora, mira tus patrones de pensamiento. B-a-j-a la velocidad de tus pensamientos para que se te haga más fácil notar cuando la voz *cuckoo* está bloqueando tu sabiduría interior.

3. Pide y escucha: Pide ver las situaciones o personas difíciles de otra manera. Cuando la voz *cuckoo* se haya acallado un poco, puedes oír la voz del Espíritu Santo mostrándote como cambiar tu percepción. Confía en que vas a recibir el conocimiento y las ideas que te van a llevar a la felicidad.

Bueno, ahora prepárate para trabajar. El cambio verdadero ocurre con la práctica constante. Tendemos a dejar que nuestra mente divague demasiado y tener una mente disciplinada es la clave para ponerle fin al sufrimiento. Así que trata el ejercicio que sigue como un ejercicio aeróbico para tu mente.

Práctica: Dejando ir al ego

Vuelve a la lista de todos los pensamientos negativos que tienes a menudo (de la práctica "Enfrentando Tus *Grandes Problemas*" en el capítulo anterior). En esta práctica, vas a entregarle esta lista al Espíritu Santo y a pedirle guía. Recuerda que esto no se trata de ser muy "espiritual," sé honesto y vulnerable.

Puedes sentir emociones muy intensas al revisar la lista, ¡puede ser hasta que sudes y llores!

Pero persiste, siente esas emociones y desahógate cuando necesites hacerlo. Recuerda que estás pidiendo ayuda. Esto es lo que te va a llevar a fortalecer el músculo del Espíritu Santo en tu mente. Primero, revisa la lista de los pensamientos negativos y escribe lo siguiente en tu libreta: "Espíritu Santo, no sé qué significa nada de esto. Quiero verlo de otra forma porque quiero ser feliz. Te entrego todos estos miedos — ¡por favor, enséñame el camino!"

Ahora comienza a escribir libremente, sin pensar, teniendo fe que el Espíritu Santo te ha oído y te va a mostrar el camino. Aun si no te parece que lo que escribes tiene mucho sentido, escribe y sigue escribiendo. Tómate todo el tiempo que necesites. Te podrían sorprender las ideas nuevas y sanadoras que surgen. El Espíritu Santo es bueno y poderoso y no te va a decepcionar.

Para mostrarte cómo funciona, aquí te doy un ejemplo de cómo yo hice este ejercicio. Primero, voy a compartir la "pataleta de mi ego" — todos los pensamientos locos que yo sabía estaban bloqueando mi felicidad.

- ¡He tenido cuatro audiciones y no me han escogido para ninguna!
- No recité el monólogo de la manera que quería.
- Tengo un agente de teatro, pero no me han llamado para una sola audición de teatro. Tengo

un agente de anfitriones, pero no me llaman ni para una sola audición de anfitriona.

- No he conocido a nadie que me guste.
- Si me gusta Chris, él tiene que ganar bastante dinero para que sea buen proveedor.
- ¡¡Por qué no puedo vivir en un vecindario mejor!?
- Estoy triste y me siento sola. ¡¿Por qué no encuentro a alguien que me guste?!
- Me preocupa que nunca me vaya a casar otra vez, y el pensar que no pueda tener la experiencia de ser madre me rompe el corazón. Pensé que iba a ser madre. ¿Por qué es que otra gente tiene hijos y yo ni siquiera tengo la oportunidad? ¡Me pone tan triste!
- Siento que no merezco lo que quiero.
- No merezco que me amen.

Después de escribir todo lo que sentía, lo entregué al Espíritu Santo y este es el mensaje que recibí:

- Querer que las cosas sean distintas es lo que te entristece. Acepta que todo está perfecto como es y que siempre estás tan sólo a un pensamiento de sentirte bien otra vez.
- El no estar en una relación te está ahorrando mucho sufrimiento. La única manera que puedes experimentar el amor de Dios en estos momentos es estando soltera por ahora. Esto es lo mejor para tu aprendizaje. Estás sanando y yo estoy aquí contigo.

- Tienes a Sophie y Sasha aquí en la sala a tu lado. Por ahora, eres mamá de dos niñas peluditas.
- Sé paciente y amorosa contigo misma. Todo está cayendo en su sitio. Confía.
- Puedes sentirte feliz si realmente lo quieres. Es tu decisión.
- Te agradezco la valentía que tienes en sanar tu mente y por estar dispuesta a volver a mí.

Cuando hago ejercicios como éste, algo me queda muy claro y quizás será evidente para ti también: No eres un ego y no eres un cuerpo. ¡Eres un espíritu perfecto que tiene la capacidad de escoger ser feliz! Puede ser difícil soltar y dejar ir las pataletas del ego al principio, o puede parecer que el Espíritu Santo no te está contestando. Si te sientes así, es esencial que recuerdes que la infelicidad es un hábito que puede llegar a parecerte muy familiar — y que esta familiaridad puede hacerte creer que la infelicidad es inevitable. Se necesita mucha práctica para deshacer un mal hábito, especialmente cuando el hábito es mental. Aun si las respuestas del Espíritu Santo no te parecen muy claras al principio, sé persistente (y lee el próximo capítulo para más inspiración). Según pase el tiempo y con la práctica, vas a encontrar otra manera de pensar, de relacionarte a los demás y de simplemente ser.

PUNTOS CLAVES

- Podemos escoger oír la voz del miedo o la voz del amor. El ego es la voz del miedo; el Espíritu Santo es la voz del amor.

- Tu felicidad viene de adentro, no de "allá afuera."
- El ego usa unos trucos poderosos para mantenernos mirando hacia el mundo exterior.
- Puedes parar, mirar, pedir y escuchar para deshacer los trucos del ego.
- Puedes pedirle al Espíritu Santo que te ayude a ver tus problemas de una forma diferente.
- No eres un ego y no eres un cuerpo.

CAPÍTULO 3

Tú no estás solo

Si supieras Quién camina a tu lado por la senda que has escogido,
sería imposible que pudieses experimentar miedo.

— *UCDM,* Cap. 18, Sección III

Estoy segura que, en algún punto en tu vida, te has sentido deprimido o aislado, como si estuvieras solo contra el mundo. Puedes haber pensado cosas como:

"La vida se me hace tan difícil porque no tengo quien me ayude."

"Tengo demasiado miedo de estar solo."

"No soy capaz de hacer esto por mí mismo."

Pues, si te estás refiriendo a tu propia fuerza — esto es, a la de tu ego — tienes todo el derecho a tener miedo y a sentirte desamparado. Como he dicho antes, el ego no es *nada bueno* y no es de confiar. Cuando te identificas con el ego, siempre terminas sintiéndote solo e indefenso. Como nos dice *Un curso de milagros*: "La presencia del miedo es señal inequívoca de que estás confiando en tu propia fortaleza" (*UCDM*, *Libro de ejercicios*, Lección 48).

Cuando tenía un poco más de veinte años y me contrataron como presentadora para la asociación de lucha libre, la World Wrestling Federation, me sentí aterrorizada. Aunque ya había trabajado como anfitriona y actriz, yo era muy insegura y me preocupaba constantemente por el futuro. Siempre me estaba preguntando: ¿Podré seguir trabajando como actriz? ¿Tendré éxito? ¿Qué voy a hacer con el resto de mi vida? ¿Cuál es mi propósito?

La duda se convirtió en miedo, el miedo en tristeza y la tristeza en depresión. Recuerdo quedarme boquiabierta cuando mis papás me dijeron que yo estaba deprimida. No sabía que la depresión le podía pasar a cualquiera, ¡mucho menos a mí! ¡¿Por qué rayos nadie me había enseñado esto en la escuela?!

Después llegué a entender la verdadera causa de mi depresión: *me sentía profundamente sola*. Pero no es que estuviera físicamente sola. Yo tenía muchas personas a mi alrededor — padres que me apoyaban y amigos que me querían y se interesaban por mí. En realidad, mi soledad era mental y estaba causada por lo que yo llamo el síndrome del "Yo, yo, yo," o sea, el hábito de pensar que todo dependía de mí y que mis problemas eran el centro del universo. "Tengo que hacer esto yo misma." "Tengo que hacerlo todo yo para que las cosas vayan como yo quiero." "¡Todos mis problemas son *muy* importantes!" En otras palabras, mi vida, mis problemas y mi carrera me definían. Vivir así no sólo le roba la alegría a cualquiera, también es agotador. Cuando sentimos que tenemos que controlar y manejar todo solos, el sufrimiento y el miedo parecen nunca acabar.

La razón por la que no estás solo

La mayor parte de las personas se sienten separadas de los demás. Nos creemos atrapados en unos cuerpos, cada uno con intereses personales y circunstancias únicas que hacen que la separación parezca muy real. Esto nos hace sentir vulnerables, a veces hasta el punto de sentirnos como víctimas luchando contra un mundo de tristeza, enfermedad y, finalmente, muerte.

Andamos hipnotizados por el mundo externo, que tanto nos convence de nuestra separación que nos hace olvidar que, en realidad, nunca estamos solos. Todos tenemos la Voz de Dios dentro de nosotros, una Voz que se conoce por muchos nombres: sabiduría o guía interna, la luz interior, tu verdadero ser, o tu sano juicio.

Te invito a que uses el nombre que más te guste. Al inicio de una de mis clases, llamada "Conéctate a tu Sabiduría Interna," siempre le pregunto a mis estudiantes qué nombre quieren ponerle a su guía. Puede que digan Jesús, Dios, o sencillamente "la Luz." No hay nombre equivocado para tu compañero interno y hasta le puedes poner otro según pase el tiempo. Lo importante es que este compañero o voz es siempre amoroso, gentil y seguro, y puede llevarte a la felicidad con sólo llamarlo.

Él es esa parte de nuestra mente que sabe que todos somos uno, que ama incondicionalmente, sin juicio ni límites. No está interesado en "obtener" porque sabe que ya tenemos todo lo que necesitamos. Cuando estás consciente de tu compañero interno, vives en el fluir de la vida, con un sentido de bienestar y gracia divina. La solución de todos tus problemas surge de esa gracia porque, cuando sigues Su consejo, resuelves el único problema que tienes: la idea de qué de algún modo, en algún momento, te separaste de Dios.

El Espíritu Santo — el nombre que le da *Un curso de milagros* al compañero interno — nos ayuda a soltar nuestro apego al mundo del ego. Mientras más dejamos ir, más experimentamos nuestra unidad con Dios y, cuando permites que esto suceda, tu vida cambia completamente. ¡Ya vas a ver cuánta gratitud y alegría puedes sentir! Como dice el Curso: "Dios es tu seguridad en toda circunstancia. Su Voz habla por Él en toda situación y en todos los aspectos de cada situación, diciéndote exactamente qué es lo que tienes que hacer para invocar Su fortaleza y Su protección. En esto no hay excepciones porque en Dios no hay excepciones. Y la Voz que habla por Él piensa como Él" (*UCDM*, *Libro de ejercicios*, Lección 47).

La soledad y su opuesto

Me escogieron como presentadora de la WWF después de ganar una audición donde competí contra más de quinientas muchachas. Ante los ojos del mundo, debí de haber estado loca de alegría con una oportunidad así, un programa visto por todos los Estados Unidos y con una compañía tan prestigiosa. Además, ¿haber conseguido ese trabajo cuando estaba hecha un desastre y con la depresión que tenía? *¡Milagro, gracias Dios!*

Claro, ahora sé que algunas veces manifestamos experiencias buenas que necesitamos para crecer, aun si no estamos felices. Había una lección detrás de esa oportunidad y yo tenía que vivirla para poder aprenderla.

Y al final sí aprendí la lección — pero sufriendo mucho. Al no tener una conexión con ese compañero interno y creer que tenía que enfrentar las dificultades sola, empecé a sentirme que no merecía el trabajo, aun si le gané a aquellas otras muchachas. Me sentía insegura por mi acento cubano porque en la televisión en español de Estados Unidos se prefiere el acento mexicano. También, para colmo, los shows de la WWF eran grabados en vivo, lo que significaba que si cometía un error, miles de personas lo verían ahí mismo.

En mi primer show, recuerdo bajar por la rampa frente a esas veinte mil personas de la audiencia, oyendo la voz del director por el apuntador que tenía en el oído, "Maria, ve y entrevista a los luchadores al lado del ring y vuelve y sube la rampa con ellos." ¡Dios mío, se me quería salir el corazón del pecho! Esto era un reto tan enorme, no sólo por el trabajo, pero porque creía que tenía que crear mi éxito sola.

Llegué a grabar cincuenta episodios y trabajé con talentos grandísimos como el Hijo del Santo, Negro Casas, Papi Chulo, The Rock, Stone Cold Steve Austin y, como olvidarlo, un luchador pequeñito llamado Mini Max, que era mi "interés romántico" en el show. Aún con toda la atención y aparente éxito, mi inseguridad siguió siendo casi paralizante. En las giras del show, pasé muchas noches sola en mi cuarto de hotel, de rodillas, orando y leyendo la Biblia. Sé que a veces nuestro dolor más profundo nos acerca mucho más a Dios. Pero ahora, habiendo desarrollado madurez espiritual, también sé que puedo crecer a través de la alegría, sin necesidad de tanto dolor.

A principios del 2012, la iglesia Unity en Burbank,

California (Centro de Conciencia Espiritual Unity Burbank) me pidió que comenzara un ministerio en español. Al
principio me asusté y pensé: no tengo la más mínima idea
de cómo manejar un ministerio, ¡ni soy ministra todavía!
Después de todo, no iba a ser ordenada hasta noviembre
de ese año. Pero, aunque me dio un poco de ansiedad, estuve dispuesta a oír esa voz segura y clara dentro de mí que
quería decir ¡sí! Así que asumí la responsabilidad de crear el
ministerio, comencé a diseñar el programa y buscar músi-
cos. En todo momento, antes de cada decisión, le pedía
ayuda al Espíritu Santo y tenía claro mi objetivo de hacer
todo con alegría.

No digo que no sentí nervios cuando di mi primer sermón, pero ese miedo se fue disipando cuando recordé que
nada de eso tenía que ver conmigo, que no tenía que ver
con el "yo," la Maria separada que tenía que ser perfecta; no,
esta vez, la oportunidad era de todos, era una oportunidad
de extender amor y recordar que no estoy sola. Nuestro sufrimiento aumenta cuando nuestra mente piensa de manera
"egoísta" (centrada en el ego) y se enfoca en pensamientos
como: *¿Qué puedo sacar de esto? ¿Qué hago para caerle bien
a los demás? ¿Qué puedo hacer para conservar esta posición?*

En nuestra lucha por ser importantes, marcar nuestro
lugar en el mundo y probar nuestra valía ante los demás,
hacemos que la separación parezca real y nos condenamos
a la soledad y miseria. Sin embargo, cuando vemos nuestra
vida como nuestro ministerio — concentrándonos en pensamientos como: *¿Qué puedo dar aquí? ¿Cómo puedo servir?
¿Cómo puedo beneficiar al mundo con lo que hago?*, inevitablemente experimentamos alegría y paz.

Otra manera de expresar esta verdad es decir que lo único que es real es el amor.

Cómo escuchar al Espíritu Santo

Primero que nada, el Espíritu Santo siempre te encuentra donde estés, porque siempre está contigo. O sea, no importa tu nivel de desarrollo o cuál sea la ocasión, Él se comunicará del modo que puedas entender y que te sea más útil. Así que, aun cuando se nos olvida que está ahí, ¡nuestra sabiduría interna nunca se aleja!

Estas son cuatro maneras efectivas para volver a la verdad y regresar a los brazos de nuestro verdadero guía:

1. Ten una GRAN dosis de voluntad. El Curso nos dice que sólo necesitamos "una pequeña dosis de buena voluntad" para abrir nuestras mentes y perdonar, y que el resto caerá en su sitio. Tener buena voluntad significa mantenernos abiertos a la posibilidad de cambiar. Sin embargo, en mi experiencia, uno se beneficia más al tener una GRAN dosis de buena voluntad. Muchas veces somos casi adictos a nuestras quejas y resentimientos (de lo que hablaremos en la próxima sección), así que a veces se requiere mucho esfuerzo para adiestrar nuestra mente.

2. Escoge paz. Cuando estás en un estado de paz, le das permiso al Espíritu Santo para hacer que su luz brille en tu mente. Por eso es tan importante que escojas paz en TODA circunstancia. Por ejemplo, cuando tengas una entrevista de trabajo, entra

pensando "Quiero paz" en vez de "¡Tengo que conseguir este trabajo!" O, en vez de pensar "¡Necesito más dinero!," piensa "Lo que quiero es paz." Esta reorientación de tus pensamientos te ayuda a girar tu atención del mundo de allá afuera al de adentro, donde se encuentra tu verdadero poder.

3. Presta atención a las señales y símbolos. El Espíritu Santo a veces trabaja de forma misteriosa por lo que tienes que estar alerta para captar su respuesta. Puede ser que su contestación no venga como esperas, y que más bien te dé la respuesta en forma de coincidencias, encuentros inesperados, o mensajes no-tan-sutiles en canciones, películas o libros que se te cruzan en el camino en el momento indicado. Así que presta atención y busca señales de esperanza o cambio. Tu verdadero Ser siempre está listo para ser descubierto y el Espíritu Santo te puede enviar claves bastante interesantes para ayudarte en la búsqueda.

4. Practica, practica, practica. Mientras más frecuentemente le pides ayuda a tu guía interior, más se fortalece tu conexión y más crece tu fe. Si decides sacar el ego del medio, perdonando y dejando ir, se te hará más y más fácil permitir que el Espíritu Santo te guíe todo el tiempo.

Deja ir lo que no eres

Otra razón por la que nos sentimos solos e indefensos es porque nos aferramos a quejas y resentimientos. Si te sientes infeliz o estás criticando algo o a alguien, de seguro hay quejas o resentimientos que no has dejado ir. Este apego intensifica la sensación de separación, llevándote a sentirte abandonado. Esto sólo te puede llevar a una vida de infelicidad y dolor crónicos, una vida que es más como una muerte lenta.

La Lección 68 del Curso titulada "El amor no abriga resentimientos," nos da esta explicación: "Tú, que fuiste creado por el Amor a semejanza de Sí Mismo, no puedes abrigar resentimientos y conocer tu Ser" (*UCDM*, *Libro de ejercicios*, Lección 68). En otras palabras, aferrarte a un resentimiento es identificarte con algo que tú no eres. El ejercicio que sigue te ayudará a dejar ir lo que no eres y descubrir la felicidad y el poder que son tuyos sencillamente por ser hijo de Dios.

Práctica: Soltando resentimientos

Cierra los ojos y trae a tu mente, uno por uno, cada persona contra la cual tienes algún tipo de resentimiento. No importa si es grande o pequeño, *todos* los resentimientos te quitan la paz por igual. Trata de ver a cada persona como tu mejor amigo, usando pensamientos así: *Te veo como un amigo querido, te veo como luz, te veo como una parte de mí. Al yo ver tu luz, despierto a la mía.*

Ahora, en tu mente, visualízate dando un paso atrás y uniéndote en un círculo con los que imaginaste, todos agarrados de manos.

Siente la sensación de paz que has creado. Siente

la seguridad del amor que los sostiene. Permítete estar en este espacio de aceptación en tu mente por un rato. Al terminar, vas a notar que te sientes más liviano, más en paz. Haz este ejercicio regularmente para ayudarte a sanar todo resentimiento. Vas a tener que practicarlo mucho, porque el hábito de guardar rencores está muy arraigado en nosotros.

Recordando la verdad

Algo que me ha ayudado mucho es recordar quien soy en verdad, más allá de todas las preocupaciones y la ansiedad que surgen en el diario vivir. Una manera de explorar quien realmente eres es escribirte una carta desde el punto de vista de la mejor parte de ti — tu verdadero ser. Escribe esta carta en un lugar callado y cuando no sientas prisa. Como ejemplo, aquí comparto una carta que me escribí durante mis estudios ministeriales.

Querida Maria,

Tú eres una hija perfecta y amorosa de Dios. Tu alma vive en la verdad. Recuerda, mi querida niña, que tú no eres tus creencias limitantes ni las cadenas del pasado. Estoy aquí para recordarte que tú estás libre de cualquier cadena. Tu alma está llena de amor, alegría y paz. Tu amor incondicional llega a otros de una manera que ni te puedes imaginar. Tú ves a los demás como Dios los ve, ¡ese es tu don! Así como ves la verdad en los demás, la reconoces en ti misma. Estoy tan orgullosa de ti. Has crecido tanto y me enorgullece tu dedicación. ¡Te amo!

Sigue compartiendo tu alegría y tu don del habla, de hacer una diferencia en la vida de los demás. Tu carisma y belleza son extraordinarias; úsalas como herramientas para extender amor y verdad. Tu compromiso con la verdad es inquebrantable, no te subestimes o menosprecies, estás muy adelantada en el camino. Con certeza te digo que te has ahorrado mucho sufrimiento.

Mi querida niña, continúa con el proceso; está funcionando. Tu despertar está en proceso y ¡estoy tan orgullosa de ti! Comenzarás a sentirte como yo te veo: segura de ti, amorosa, amable y humilde. Maria, estás libre de tu pasado, quedas libre desde este momento. Te has convertido en una maestra, un ángel del cielo que sabe que nunca se ha separado de su Padre. Querida, estoy tan orgullosa de ti. Recuerda que nunca estás sola. Siempre estoy contigo.

Práctica: Permanece en el presente

A lo mejor crees que te sientes solo porque no tienes pareja, esposo(a) o familia. O puede ser que sientas que el mundo no te ha tratado bien o que tu vida está fuera de control. Como dije antes, nos sentimos solos cuando dependemos de nuestra propia fuerza, cuando no dejamos ir los resentimientos y cuando no oímos a nuestra sabiduría interna. Para poder cambiar estos malos hábitos mentales, tenemos que practicar mucho. Te sugiero que hagas los siguientes ejercicios todos los días, algunos por la mañana y otros por la noche antes de dormir.

Todas las mañanas:

- Pide guía. Pregúntale al Espíritu Santo: "¿Qué quieres que haga? ¿Adónde quieres que vaya? ¿Qué quieres que diga y a quién?" (*UCDM*, *Libro de ejercicios*, Lección 71)
- Haz una lista de tus intenciones, por ejemplo: "Mi intención hoy es estar presente," o "Mi intención hoy es recordar que puedo escoger ser feliz."
- Pregúntate: ¿Qué es lo que quiero? ¿Qué quisiera sentir? ¿Qué me gustaría experimentar hoy?
- Entrégale tu día al Espíritu Santo. Di: "Espíritu Santo, te entrego este día. Lo pongo en tus manos, sabiendo que estoy segura y que siempre me estás cuidando."

Todas las noches:

- Ora por paz: "Pido paz en mi mente hoy, sabiendo que es mi derecho divino como hijo de Dios."
- Empieza un "diario de gratitud," donde apuntas las cosas por las que estás agradecido. No te limites a dar gracias por circunstancias favorables, también toma nota de tus regalos internos: "Me siento agradecido de poder escoger

paz mental." "Estoy agradecido de que Dios me ama."

- Suelta y deja ir el día: "Dejo ir este día. Ha sido exactamente perfecto."
- Entrégale tu sueño al Espíritu Santo: "Al dormir, ayúdame a sanar todo lo que tenga que sanar. Te entrego mi sueño, ahora puedo dormir con los ángeles."

PUNTOS CLAVES

- Todos tenemos la Voz de Dios adentro. La conocemos bajo diferentes nombres: sabiduría o guía interna, la luz interior, nuestro verdadero ser y nuestro sano juicio.
- Puede ser que necesites una GRAN dosis de voluntad para cambiar tus patrones mentales.
- Siempre escoge la paz primero.
- El Espíritu Santo te encuentra donde quiera que estés.
- Cuando te sientes infeliz o estás juzgando algo o a alguien, de seguro te estás aferrando a algún resentimiento.
- Una práctica espiritual diaria te puede ayudar a vivir en el presente.

CAPÍTULO 4

Tú eres el amor de tu vida

Tú eres la obra de Dios, y Su obra es totalmente digna de amor y totalmente amorosa. Así es como el hombre debiera pensar de sí mismo en su corazón, pues eso es lo que realmente es.

— *UCDM*, Cap. 1, Sección 3

Si siempre estamos en busca de algo o alguien que nos llene, inevitablemente nos vamos a encontrar en una especie de infierno. La felicidad y el amor van de la mano, pero el mundo nos convence de que tanto el amor como la felicidad están "allá afuera," siempre lejos de nuestro alcance. Algunas de estas creencias te pueden sonar familiares:

"Tengo que conseguir todo lo que pueda del mundo externo porque si no, me siento vacío."

"Cuando tenga suficientes cosas y suficiente dinero, entonces seré feliz."

"Como en exceso porque me hace olvidar la sensación de que nadie me quiere."

"Tengo que brillar en la escuela o el trabajo para
que me halaguen y me pueda sentir bien."
"Tengo que encontrar un amante o pareja que me
haga sentir que valgo la pena."

¡Esa última era yo! Por años estuve buscando el amor
en los lugares equivocados y con los hombres equivocados.
Convertía a los hombres en mis dioses y sufrí muchísimo
por eso. Ahora sé que cuando escogemos separarnos de
Dios dentro de nosotros, todos sufrimos sintiéndonos in-
dignos de alguna manera u otra. Al sentir que no merecemos tan siquiera existir, buscamos algo o alguien que nos
haga sentir especial.

De hecho, lo que llamamos "ego" es, en realidad, la creencia de ser "especial." Cuando olvidamos que somos uno con
Dios — que es un estado de seguridad, estabilidad y felicidad
interna y mucho mejor que el sentirse especial — no podemos
apreciar el amor adentro de nosotros y nos conformamos con
los pobres sustitutos que el ego nos da. La clase de Caminos
de Luz llamada "La Relación Especial vs. La Relación Santa"
(Curso de Practicantes 905) lo describe muy bien:

En el mundo de cuerpos físicos, lo que llamamos
amor se podría describir así: "Quiero ser especial,
pero también me siento solo, siento que me falta
algo y que no merezco amor. No soporto sentirme
así. ¿Quieres ser mi pareja especial y prometerme
que tu cuerpo se quedará conmigo para hacerme
sentir especial para siempre? Así olvido la sensación
de que estoy solo, me falta algo y no merezco
amor. Finalmente voy a conseguir la atención y el

reconocimiento que necesito. Acepto darte atención especial a ti también y llenarte con mi amor, que es exclusivo para ti. Entonces, prometiéndonos que siempre seremos especiales el uno para el otro, nos ahorramos los efectos secundarios de soledad y culpa que nos trae el deseo de ser especial. Seremos felices a nuestra manera, en nuestro pequeño mundo especial. Seremos ídolos el uno para el otro y así reemplazaremos el amor de Dios."

Cuando leí esto, pensé "¡Dios mío, esto es lo que he hecho toda la vida!" Te voy a compartir una anécdota personal acerca de esto en un momento, pero antes discutiremos el primero de los pasos que nos llevarán a experimentar amor propio — aceptar todo lo que sientes.

Siente tus emociones

Permitirte sentir miedo, preocupación, tristeza u otros sentimientos negativos con la misma facilidad con que sientes confianza o un buen humor es el comienzo de aceptarte tal como eres y es también un acto hermoso de amor propio. Afrontar emociones dolorosas es incómodo, pero en vez de rechazarlas o escapar de ellas, puedes transformarlas simplemente dejando que sean lo que son. Por ejemplo, una de mis estudiantes de nombre Carly me envió el siguiente texto:

Hola Maria — quería hablar contigo, contéstame cuando tengas tiempo. Ayer me contrataron para un trabajo nuevo y acabo de renunciar al que tengo ahora, mi último día es en dos semanas. Estoy tan triste y deprimida, aunque sé que esto es algo bueno, que voy a estar en un lugar que está más cerca de mi casa y con un salario más alto. Esta situación se está haciendo demasiado real para mí y me siento tan triste. ¡No sé qué hacer!

Esta fue mi respuesta:

Hola — ¡Felicidades en tu nuevo comienzo! ¡Qué alegría! Tengo la sensación de que te estás resistiendo a estar triste, como si hubiese algo de malo con eso. Es una emoción natural. Como estamos en un cuerpo, nos ponemos tristes y nos molestamos por cosas del mundo. Nuestro objetivo es siempre estar consciente de que estamos escogiendo estar tristes y entregarle esos sentimientos al Espíritu Santo. Recuerda, no tienes que cambiar tu comportamiento; el cambio que cuenta siempre está en tu mente.

Yo estaba triste y asustada cuando me mudé a mi nuevo apartamento, este es más caro que donde vivía antes, allá estaba cómoda y tenía las memorias de mi ex-marido. Pero me permití sentir esas emociones y continué con mi práctica espiritual. Esta es una transición hermosa para ti. ¡Disfrútala! Si estás triste, permítete sentir la tristeza. Y yo sé que, como tu vives una vida de fe, esto también pasará cuando decidas dejarlo ir. ¡Espero que esto te ayude!

Así me contestó Carly:

Wow, Maria, gracias. ¡Tienes razón! Puedo permitirme estar triste y sentir mis emociones durante
esta transición. El sólo saber que tengo la opción
de hacerlo me hace sentir mejor. Definitivamente,
me estaba criticando a mí misma y quería cambiar
como me sentía. Es un alivio recordar que mis sentimientos no son malos y que, aun si tengo mi práctica espiritual, no quiere decir que mis emociones
desaparecen. Todavía están ahí pero ahora puedo
llevárselas al Espíritu Santo. ¡Es una locura pensar
que puedo confiar y disfrutarme todo esto aun en
medio de mi tristeza! Aunque, en realidad, esto es lo
opuesto de la locura…es la cordura, ¿verdad? Eso
es lo que significa vivir el *Curso de milagros*. Voy a
permitirme sentir mis emociones y se las entregaré
al Espíritu Santo. ¡Gracias por verme como realmente soy y por tu amor y apoyo!

Como te dije, tú también puedes usar todos tus sentimientos como herramientas en tu despertar. Lo que sea que
te traiga la vida es suficiente para traerte de vuelta a casa.

Despertando de mi muerte lenta

Por una gran parte de mi vida, si yo no tenía novio, no estaba
feliz. *Tenía* que estar con otro cuerpo y necesitaba confort y
reconocimiento constante, eso era lo que yo llamaba "amor"

…y si no lo tenía, me sentía horrible. Tener un hombre a mi lado era más importante que mi trabajo y hasta que mi familia. Yo estaba constantemente en la búsqueda del hombre ideal para casarme y tener hijos, sin darme cuenta de cuan infeliz me hacía esa búsqueda.

Ahora me doy cuenta que estaba atacando a mi verdadero ser, ese amor de Dios dentro de mí. Ese amor es eterno e inmortal, pero si siempre te diriges en la dirección opuesta, sientes que te estás muriendo por dentro. Esta situación finalmente empezó a cambiar en el 2014, cuando conocí al hombre que yo llamé "el Buda." Era súper guapo: alto, pelo oscuro, piel bronceada, buen cuerpo. Pero no sólo era guapo por fuera, también era espiritual — ¡practicaba budismo y recitaba mantras todos los días! Ah, y ¡era exitoso con su propio negocio¡ Tuvimos un par de citas que fueron muy bien y me empezó a gustar mucho.

Fue entonces que me dijo que tenía un pequeño problema: había unas cuantas muchachas "ocupando terreno" en su mente, así fue como él lo puso.

Mi reacción inmediata fue: pero ¿y para qué rayos está saliendo conmigo? ¡Yo quería estrangularlo! Pero me aguanté, en vez de eso comencé a abrir y cerrar las puertas de los gabinetes de la cocina con *mucha* fuerza mientras él hablaba. Finalmente, hice algo nuevo para mí. Le dije, "esto se acabó, vete." Sorprendido, él me respondió, "¿De verdad quieres que me vaya?" Yo le repetí que sí. Esto fue muy importante para mí porque, en el pasado, yo hubiese tratado de arreglar las cosas a como diera lugar, aunque significara conformarme con una relación muy poco saludable.

Después de terminar con él, me quedé muy triste por

los próximos días. Estaba loca por llamarlo o mandarle un texto, pensando que eso iba a calmar mi dolor. Pero resistí el impulso y esto me enseñó algo importante: yo no soy mis emociones y no tengo que permitir que me controlen. Tengo la opción de, como dice el Curso, "descansar en Dios" (*UCDM*, *Libro de ejercicios*, Lección 109), y ese es el estado mental que me garantiza la felicidad. En este estado mental tenemos un romance verdadero con todo y con todos. Ahí es cuando reconoces que dar y recibir son lo mismo.

Te dedicas a extender amor en vez de obtenerlo. Eso quiere decir que, cuando estás con alguien, puedes ser auténtico, vulnerable y honesto. No escondes ni tu pasado ni tus vulnerabilidades, como el ego quiere que hagas. Estás dispuesto a sanar con otros, en vez de usar sentimientos heridos como excusa para reforzar la separación. Más importante aún, te das cuenta que todas las relaciones tienen sólo un propósito: el despertar a Dios. Juntos, los dos se preguntan: ¿cómo podemos servir a través de esta relación? y ¿cuál es su propósito?

Lista para ser feliz

Te preguntarás qué pasó — qué cambió en mí que me permitió reconocer que yo era el amor de mi vida. La verdad es que, antes de que esto sucediera, yo no tenía idea de cómo funcionaba mi mente. Yo estaba estudiando el Curso y otras perspectivas, pero no estaba viviendo lo que los libros decían porque mi creencia subconsciente en la separación no me dejaba cambiar.

La diferencia llegó cuando finalmente estuve lista para

ser feliz. Sólo yo podía escoger la felicidad; los libros y los cursos no podían hacerlo por mí. Después de todo, cada uno de nosotros es el que toma las decisiones en nuestras vidas y, cuando nos conectamos a ese poder, ¡entonces es que estamos listos para los milagros!

Estuve lista al reconocer cuando me estaba aferrando a un resentimiento o buscando la felicidad "allá afuera." Hacer estas dos cosas son maneras de convencernos que el Dios dentro de nosotros no es real y que tenemos que buscar la salvación en otro sitio. Con la práctica, empecé a reconocer estos pensamientos y emociones y decidí entregárselas al Espíritu Santo. Constantemente practicaba el entregarle todo a Él, aun cuando no sentía que el proceso estuviera funcionando. Yo escogía de nuevo — una y otra vez.

Mientras más lo hacía, más podía ver un mundo entero dentro de mí, uno increíblemente hermoso y que no dependía de las cosas externas. Perdí mi apego al mundo externo, y cada día me importaba menos y menos. Yo recitaba este mantra: *Yo soy el amor de mi vida porque soy de Dios*. Con esta práctica y de forma gradual, cultivé un genuino amor por mí misma, en otras palabras, experimenté mi verdadero Ser dentro de Dios. Ya cuando sentí esto, tener un novio simplemente no era tan importante.

Tú también puedes elegir. Elige ser el amor de tu vida cuando estés listo para serlo. Puedes tomar esa decisión ahora mismo. Todo lo que tienes que declarar es "¡Estoy dispuesto!" Opta por la verdad, la mente correcta, el amor santo, Dios, como quieras llamarlo. Entonces comienza a vivir tu decisión.

Práctica: Viendo las relaciones de una manera diferente

Piensa en las relaciones de tu vida que te parecen tensas, esas donde hay mucho ego envuelto y no mucha honestidad. Haz una lista con el nombre de las personas con las cuales tienes ese tipo de relación.

Entonces, respira profundo varias veces hasta que sientas tranquilidad interior. Piensa en cada una de esas personas y, al verlas pasar por tu mente, pregúntale al Espíritu Santo: *¿Para qué es esta relación? ¿Cómo puedo verla desde una perspectiva diferente? ¿Cómo puede servir al Amor esta relación?*

Ahora, escribe todo lo que te venga del Espíritu Santo. No te preocupes si lo que escribes no te hace mucho sentido al principio. Confía en el proceso. Hasta puedes escribir, "No me viene nada a la cabeza," hasta que sientas que algo nuevo surge. Esto te va a ayudar a conectarte con tu sabiduría interna. Con la práctica, vas a comenzar a tener nuevos conocimientos y perspectivas acerca de las relaciones más importantes y conflictivas.

El amor es Uno

A lo mejor piensas que hay diferentes tipos de amor. Un amor para esto, un amor para aquello; una forma de amar una persona y otra forma diferente de amar a otra. Puede que pienses que amas a tu hijo más que a tu mejor amigo, o a tu esposo más que a la mesera. Pero el Amor es Uno, no tiene grados y no se puede dividir en diferentes formas. Un método útil para entender esto es pensar que puedes amar a todo el mundo. Eso no significa ser el mejor amigo de todo el mundo, pasar el rato con gente que te disgusta o permitir que alguien te trate mal. Lo que significa es dejar ir los juicios con los que defines a otros y que te mantienen separado de ellos. Al hacerlo, desarrollas una visión diferente del mundo y de ti mismo.

Esto te va a llevar a un estado de gracia que te garantiza la experiencia de amor propio, que es también el amor de Dios. No existe diferencia entre lo que verdaderamente eres y lo que el amor de Dios es. El mismo amor que está en Dios está en ti y en todos. Y lo que es mejor es que ¡ese amor es el de verdad! Al igual que no puedes amar a alguien que estás criticando, así mismo no puedes experimentar tu amor propio si estás constantemente crucificándote.

Veo este problema todo el tiempo, con amigos, estudiantes y hasta conmigo misma. Todos podemos ser muy negativos con nosotros mismos si las cosas no van como queremos y nos culpamos por todo lo que supuestamente hicimos mal. La verdad es que, en realidad, no te puedes equivocar porque todo funciona para tu mayor bien. Cuando te sientas decepcionado o no sabes que hacer en una relación o situación, es bueno preguntarte: este pensamiento, acción o patrón de comportamiento ¿surge de valorarme a mí mismo? También puedes preguntarte: ¿Cómo actuaría o pensaría si creyera que merezco amor, que soy íntegro, completo y que no me falta nada?

Práctica: Reconociendo el amor

Al hacer tus cosas diarias, cada vez que te encuentres o veas a alguien, piensa "compartimos el mismo amor." Cuando pase cualquier persona por tu cabeza, repite "compartimos el mismo amor." Este hábito te va a ayudar a soltar el patrón de pensamiento que distingue entre diferentes tipos de amor. El amor fluye en ti eternamente, gentil y confiado. En el amor no te sientes más o menos que nadie.

El Amor ve la verdad de nuestra unión más allá de las ilusiones creadas por la aparente separación. Cuando estás lleno de amor, atraes gente, circunstancias y símbolos amorosos y positivos. Cuando ves el mundo desde la perspectiva del amor dentro de ti, vives la experiencia de ser el amor de tu vida porque no lo ves como algo fuera de ti. Estás dispuesto a ver al amor en el espejo, sin condiciones. Entonces encuentras que otra gente naturalmente saca lo mejor de ti — el Espíritu Santo en ti — en vez del ego. Este pasaje de *Un curso de milagros* nos ofrece un bello resumen de este estado de consciencia:

Padre, estás delante y detrás de mí, a mi lado, allí donde me veo a mí mismo y donde quiera que voy. Estás en todo lo que contemplo, en los sonidos que oigo y en cada mano que busca la mía. En Ti el tiempo desaparece, y la idea del espacio se vuelve una creencia absurda. Pues lo que rodea a Tu Hijo y lo mantiene a salvo es el Amor Mismo. No hay otra fuente que esa, y no hay nada que no comparta Su santidad, nada que se encuentre aparte de Tu única creación o que carezca del Amor que envuelve a todas las cosas dentro de Sí. Padre, Tu Hijo es como Tú. Hoy apelamos a Ti en Tu Propio Nombre, para estar en paz dentro de Tu eterno Amor (*UCDM*, *Libro de ejercicios*, Lección 264).

El reconocer que todo el amor que puedas querer ya está dentro de ti y nunca te ha abandonado significa deshacer la creencia en la separación. Al ser tú el que toma las decisiones en tu vida, puedes aprender a escoger el amor en vez de la separación y desconectarte del sueño en el que se ha perdido la mayor parte del mundo. Puedes hacer brillar la luz de tu amor para todos tus hermanos y hermanas declarando: *Te deseo paz, te deseo gentileza, te deseo claridad, te deseo felicidad, te deseo amor*. Al hacerlo, encontrarás que también te das estas bendiciones a ti mismo.

PUNTOS CLAVES

- Cuando siempre estás buscando algo o a alguien que te llene, terminas sintiéndote en una especie de infierno.

- El ego es la creencia de que somos "especiales."
- Permítete sentir todas tus emociones. Puedes usarlas como herramientas para tu despertar.
- Escoges ser el amor de tu vida cuando estés listo para serlo.
- El amor fluye dentro de ti eternamente, gentil y confiado. En el verdadero amor, no te sientes ni más ni menos que los demás.
- ¡No te puedes equivocar!

CAPÍTULO 5

Tú estás listo para perdonar

El perdón se alza entre las ilusiones y la verdad; entre el mundo
que ves y lo que se encuentra más allá; entre el infierno de la
culpabilidad y las puertas del Cielo.

— UCDM, *Libro de ejercicios*, Lección 134

¡Ahora sí! Hablemos del "perdón," pero del verdadero perdón. Porque no me refiero a ese que se nos enseña en este mundo, que siempre juzga al que se está perdonando. Ese es el perdón que dice, "Te perdono, aunque hiciste algo malo" o "Te perdono, porque tengo a Jesús y tú no." No, ese no. De lo que te hablo es de una forma radical de perdonar que nos enseña *Un curso de milagros*. Este perdón está basado en una idea que puede transformar nuestras vidas: *que lo único que debemos recordar del pasado es el amor que hemos dado y el amor que hemos recibido.*

Antes de entrar en detalles, comencemos por discutir por qué es *tan* importante entender lo que es perdonar. Es esencial entenderlo porque, simple y llanamente, el perdón es la herramienta más valiosa que tienes para vivir feliz. Perdona cuando quieras paz, perdona cuando quieras alegría, perdona cuando quieras dejar de sufrir.

¿Y cómo es que el perdón logra todo esto?

Cuando tomamos la decisión de creer que estamos apartados del Espíritu Santo y que somos un cuerpo separado de otros cuerpos, nos llenamos de culpa. Después no recordamos haber tomado esta decisión, por eso es que no entendemos la culpa que sentimos. Es por esto que el Curso nos dice que nunca estamos molestos por la razón que pensamos. Nos parece que otras personas son la causa de nuestros problemas, que eventos externos nos hacen sufrir, que las dificultades inevitables de la vida nos hacen sentir que se nos ha tratado injustamente. Pero, en realidad, nuestro dolor es la consecuencia de creer que estamos separados, solos y que somos culpables.

Y no tomamos esa decisión una sola vez; la tomamos todo el tiempo sin darnos cuenta de lo que hacemos. Nuestra perspectiva "normal" (la del ego) nos esconde la verdad: que lo que damos, tarde o temprano, recibimos. Si le echamos la culpa al mundo, recibimos culpa. Sin embargo, si damos amor, experimentamos amor. Por eso es que se nos aconseja perdonar, porque es sinónimo de reconocer que somos responsables de nuestra experiencia con los demás, con el mundo y con nuestra vida.

Tus juicios matan

Déjame darte otro gran motivo para perdonar: juzgar mata la felicidad. Aunque criticar a otros puede hacernos sentir temporalmente más seguros de nosotros mismos, al fin y al cabo, nos deja atrapados en el miedo, atados por la ilusión de separación. Cuando hacemos real algo fuera de nosotros, estamos juzgando. Juzgar significa que nos hemos olvidado que estamos en la mente de Dios y eso inevitablemente nos lleva a la infelicidad. Como lo explica el Curso: "La ira procede de los juicios. Y los juicios son el arma que utilizo contra mí mismo a fin de mantener el milagro alejado de mí" (*UCDM*, *Libro de ejercicios*, Lección 347).

Estos son algunos de los juicios que he oído de mis estudiantes:

"¿Qué clase de hombre dice que le gusto y después me dice que quiere estar con otra persona? ¡Qué cretino!"

"¿Cómo es posible que una persona así de loca se lance para presidente?"

"¡Ese asesino/abusador de niños/terrorista es una persona horrible!"

Aunque esos juicios parecen estar justificados, sólo aumentan nuestro miedo y hacen que la separación entre nosotros se haga todavía más real. Juzgar significa que estamos creyendo el sistema de pensamiento del ego y perdiéndonos en ilusiones. Claro, no es fácil ignorar el drama, la locura y tonterías del ego. Nuestros juicios y opiniones parecen ayudarnos a entender este mundo loco. Pero vale la pena analizar si enjuiciar a otros realmente nos ayuda a ejercer una diferencia positiva en nuestra vida o en el mundo.

Si una persona "mala" muere, ¿te hace esto verdaderamente feliz? Cuando ves las noticias y reaccionas con una crítica tras otra, ¿te sientes feliz o terminas queriendo cortarte las venas? Es esencial que te des cuenta de lo que estás pensando porque no sólo es esto lo que estás contribuyendo al mundo sino que va a ser exactamente lo que recibirás de vuelta.

Cuando te veas tentado a juzgar los pensamientos, creencias o comportamiento de otra persona, pregúntate: ¿me juzgaría a mí mismo por esto? Para volver a tu felicidad, tienes que aprender a ver el bien en todo, no importa la forma exterior. No puedes creer en el amor y el miedo al mismo tiempo, así que tienes que estar dispuesto a ver el campo de batalla que es el mundo y darte cuenta que nada de eso puede ser real si sólo el amor lo es. El perdón disuelve las barreras entre el amor y tú, para que puedas empezar a ver el mundo de manera diferente.

¿Cuál es el verdadero perdón?

El verdadero perdón se puede describir así:

- El perdón es un cambio de percepción del miedo al amor.
- El perdón es estar dispuesto a ver las cosas de una manera distinta.
- El perdón es soltar y dejar ir el pasado.

Ya que el ego generalmente no piensa de esta forma, el perdón requiere que estemos dispuestos a pedirle ayuda al Espíritu Santo, nuestra sabiduría más profunda, para poder ver una situación o persona de otra manera. El perdón nos ayuda a soltar percepciones falsas y nos ayuda a reconocer los errores en nuestros patrones de pensamiento. Es difícil renunciar a nuestros pensamientos deprimentes si tratamos de hacerlo solos, pero si desarrollas el hábito de pedir la ayuda interna que necesitas para perdonar, ¡te aseguro que vas a ver la diferencia!

Otro elemento revolucionario del verdadero perdón es que aprendemos a perdonar a los demás por lo que NO hicieron — en otras palabras, aprendemos a dejar ir nuestras opiniones sobre lo que los demás hicieron o dejaron de hacer. Esto significa que, no importa si alguien parece haber hecho algo mal, cuando perdonamos, lo que dejamos ir son nuestras propias ilusiones.

La realidad fundamental que todos compartimos es una de amor y si percibimos algo menos que eso — en los demás o en nosotros mismos — lo que vemos es *literalmente* irreal. El Curso sugiere que veamos las acciones de los demás como una expresión de amor o como una súplica de amor, sin importar lo que la otra persona piense que está haciendo. Ya sea lo uno o lo otro, las únicas respuestas razonables son amar o perdonar. En vez de interpretar los actos crueles o desconsiderados de otros como reales y dañinos, vemos que lo que estaba detrás de esa acción era un intento de ser amado.

Así que ¡presta mucha atención! No te dejes convencer que la locura del mundo del ego es la realidad. Deja ir las creencias falsas que te dicen que estamos separados, solos y en oposición unos a los otros. Esos pensamientos sólo te llevan a la depresión, al conflicto y a sentirte como víctima. La verdad es que no eres una víctima y nadie te está haciendo daño. Esto es sólo una ilusión y, con pedirle ayuda al Espíritu Santo, lo puedes ver de otra manera. Este recurso interno puede cambiar la situación milagrosamente y llevarte a sentir mucha alegría, no importa la circunstancia.

¿Cuándo perdonar?

Cualquier sentimiento negativo es una señal de que es hora de perdonar. Por ejemplo, tienes que perdonar cuando:

* no estás en paz,
* notas que estás juzgando,
* te sientes como una víctima y/o
* estás reviviendo el pasado.

La indicación segura de que tienes algo que perdonar es cuando no te estás sintiendo en paz — ya sea porque te sientes irritado, molesto, triste o simplemente no muy bien. Practicar el perdón no significa que tienes que fingir estar feliz o forzarte a sentirte mejor cuando no lo sientes. Pero cuando te dominan emociones o pensamientos que no quieres tener, la mejor manera de cambiar tu estado mental es siempre el perdón.

Juzgar es una manera segura de perder la paz. Si notas que estás pensando que algo o alguien "allá afuera" está mal y tú estás en lo correcto (o viceversa), es hora de perdonar. No vas a ser feliz mientras creas que la causa de lo que sientes está en el mundo externo. El Curso nos dice que no somos víctimas del mundo que vemos (*UCDM*, *Libro de ejercicios*, Lección 32). En el Curso, Jesús nos da el ejemplo de su propia vida para enseñarnos este principio: "Elegí, por tu bien y por el mío, demostrar que el ataque más atroz, a juicio del ego, es irrelevante. Tal como el mundo juzga estas cosas, más no como Dios sabe que son, fui traicionado, abandonado, golpeado, atormentado y, finalmente, sinado....Nadie te está persiguiendo, del mismo modo que nadie me persiguió a mí. No se te pide que repitas m experiencias, pues el Espíritu Santo, a Quien compartimos, hace que eso sea innecesario" (*UCDM*, Cap. 6, Sección I).

Sé que esto es una perspectiva muy distinta a la que estamos acostumbrados. No se nos está castigando por lo que le pasó a alguien en el pasado, ¡incluyéndonos a nosotros mismos! El Espíritu Santo es una fuerza real y poderosa dentro de nosotros, una fuerza que siempre tenemos disponible cuando nos toque el momento de perdonar. Y el tiempo de perdonar siempre es ahora, una y otra vez, cuantas veces sea necesario para regresar a nuestra felicidad.

Práctica: El proceso del perdón

Para serte honesta, me tomó años entender el verdadero perdón. Pero así es, se toma tiempo deshacer una manera de pensar tan arraigada, tan reforzada y aceptada por el mundo, aun si no nos hace bien. Mantén eso en mente y confía que lo vas a entender cuando estés listo. El proceso del perdón consiste en tres pasos: aceptar la responsabilidad, recordar lo que es real y pedir ayuda.

Acepta tu responsabilidad. Primero, reconoce que eres tú quien crea tus percepciones y experiencias. No importa cuál sea la circunstancia que te moleste, di: "Me responsabilizo por la manera en

la que estoy viendo a esta persona o situación —
puedo elegir verla a través de los ojos del amor o
del miedo."

Recuerda lo que es real. Cualquier experiencia o sentimiento que no viene del amor es irreal. El miedo
y la separación son siempre ilusiones; en la realidad
no existen y nunca sucedieron. Perdonas al soltar
lo que nunca estuvo ahí para empezar. Perdonas a
las personas por lo que *no* hicieron porque no estaban en su sano juicio. Simplemente se olvidaron de
quienes realmente son.

Pide ayuda. Cuando te sientas estancado, entrega
la situación al Espíritu Santo y pide un milagro, es
decir, un cambio de percepción. Empiezas el proceso de perdonar al sencillamente estar dispuesto a
ver la verdad, lo que realmente existe, más allá de las
imágenes horrorosas de lo que llaman "el mundo
real." Cuando notes que estás viendo un problema
como real y crees que tienes que ponerte ansioso o
sentirte culpable o a la defensiva, puedes aprender
a ver más allá de las energías negativas y ver el po-
tencial de amor que está escondido detrás de esas
ilusiones. Hasta puedes usar la sensación de sentirte
atacado como una forma más de regresar a casa.

Disfruta el poder que te da transformar tus
percepciones, y regocíjate porque finalmente estás
despertando. Reconoce el miedo por lo que es —
una pesadilla de la que te puedes despertar. Puedes

escoger de nuevo; perdona ahora mismo y p
experimentar el cielo en la tierra.

El tipo de los abdominales:
Mi gran reto con el perdón

Nos podemos ver tentados a no perdonar cuando una situa-ción en nuestras vidas se siente demasiado grande o dolo-rosa. Créeme, lo entiendo.

Hace unos años, tuve un romance corto con un hombre guapísimo, con un cuerpo increíble, de esos con los abdo-minales marcados que parecen de hierro…¡qué rico! Lo ad-mito, eso fue lo que más me atrajo. (¿Ves lo que pasa cuando creemos que el cuerpo es real?) Un mes después de dejar-nos, empecé a tener unos dolores de estómago terribles. El dolor no se iba así que finalmente decidí ir al doctor. Y cuál fue mi sorpresa cuando me dijo que podría estar embaraz-ada. Recordé la última noche que pasé con el "tipo de los abdominales" — tuvimos una pelea grandísima porque no usamos protección. Él quería que yo tomara la píldora del día después y lo hice, pensando que era suficiente. Hasta me había llegado el período después de eso.

En la oficina del doctor me hicieron una prueba de em-barazo y me dijeron que llamara al día siguiente para los re-sultados. Pero al día siguiente, mientras me preparaba para una audición, empecé a sentir tanto dolor que ni siquiera me podía poner el maquillaje. ¡Creía que me iba a desma-yar! Gracias a Dios, una amiga que se estaba quedando conmigo me ayudó mientras llamaba al doctor. Hablé con

...era, que me dijo que era posible que tuviera un
...o ectópico y que tenía que ir al hospital inmediata-
...¿Ectópico? Mientras mi amiga guiaba, busqué en el
...net que significaba eso y resultó que era un embarazo
...el que el bebé se desarrolla fuera del útero. ¡Dios santo!
...Qué pesadilla!

Ya en el hospital, y después de someterme a lo que me
pareció el ultrasonido más doloroso en la historia de la humanidad, esperé en la sala de emergencia. Finalmente, salió
una mujer asiática, joven y muy dulce que me dijo, como
si fuera lo más normal del mundo: "Maria, tienes un embarazo ectópico y puede ser que haya habido una rotura
en una de tus trompas de Falopio. Te tenemos que operar
ahora mismo o puedes morir por hemorragia interna."

Lo primero que pensé fue que "bueno, a lo mejor sí me
quiero morir, ¡este mundo es un desastre!" Pero entonc...
me di cuenta que morir no arreglaría nada, pero el perd...
sí. Después de una cirugía complicada y dos transfusio...
de sangre, recobré el conocimiento en el cuarto del ho...
tal y empecé a llorar. Tenía muchísimo dolor, pero m...
cuenta que estaba sufriendo más por mis pensamiento...
por el dolor físico. Ahí es que me hice esta pregun...
probó ser esencial: *¿Por qué me estoy sintiendo así?*

Las contestaciones vinieron inmediatament...
no me hubiese acostado con ese tipo. Ojalá no m...
tomado la píldora del día después. Si no hubie...
irresponsable...¿Qué tenían todos estos pens...
común? Todos estaban enfocados en lo que hi...
do, ¡lo que no podía cambiar! Lo que sí pod...

escoger de nuevo; perdona ahora mismo y puedes experimentar el cielo en la tierra.

El tipo de los abdominales: Mi gran reto con el perdón

Nos podemos ver tentados a no perdonar cuando una situación en nuestras vidas se siente demasiado grande o dolorosa. Créeme, lo entiendo.

Hace unos años, tuve un romance corto con un hombre guapísimo, con un cuerpo increíble, de esos con los abdominales marcados que parecen de hierro...¡qué rico! Lo admito, eso fue lo que más me atrajo. (¿Ves lo que pasa cuando creemos que el cuerpo es real?) Un mes después de dejarnos, empecé a tener unos dolores de estómago terribles. El dolor no se iba así que finalmente decidí ir al doctor. Y cuál fue mi sorpresa cuando me dijo que podría estar embarazada. Recordé la última noche que pasé con el "tipo de los abdominales" — tuvimos una pelea grandísima porque no usamos protección. Él quería que yo tomara la píldora del día después y lo hice, pensando que era suficiente. Hasta me había llegado el período después de eso.

En la oficina del doctor me hicieron una prueba de embarazo y me dijeron que llamara al día siguiente para los resultados. Pero al día siguiente, mientras me preparaba para una audición, empecé a sentir tanto dolor que ni siquiera me podía poner el maquillaje. ¡Creía que me iba a desmayar! Gracias a Dios, una amiga que se estaba quedando conmigo me ayudó mientras llamaba al doctor. Hablé con la enfermera, que me dijo que era posible que tuviera un embarazo ectópico y que tenía que ir al hospital inmediatamente. ¿Ectópico? Mientras mi amiga guiaba, busqué en el internet que significaba eso y resultó que era un embarazo en el que el bebé se desarrolla fuera del útero. ¡Dios santo! ¡Qué pesadilla!

Ya en el hospital, y después de someterme a lo que me pareció el ultrasonido más doloroso en la historia de la humanidad, esperé en la sala de emergencia. Finalmente, salió una mujer asiática, joven y muy dulce que me dijo, como si fuera lo más normal del mundo: "Maria, tienes un embarazo ectópico y puede ser que haya habido una rotura en una de tus trompas de Falopio. Te tenemos que operar ahora mismo o puedes morir por hemorragia interna."

Lo primero que pensé fue que "bueno, a lo mejor sí me quiero morir, ¡este mundo es un desastre!" Pero entonces me di cuenta que morir no arreglaría nada, pero el perdón sí. Después de una cirugía complicada y dos transfusiones de sangre, recobré el conocimiento en el cuarto del hospital y empecé a llorar. Tenía muchísimo dolor, pero me di cuenta que estaba sufriendo más por mis pensamientos que por el dolor físico. Ahí es que me hice esta pregunta que probó ser esencial: *¿Por qué me estoy sintiendo así?*

Las contestaciones vinieron inmediatamente: Ojalá no me hubiese acostado con ese tipo. Ojalá no me hubiese tomado la píldora del día después. Si no hubiese sido tan irresponsable…¿Qué tenían todos estos pensamientos en común? Todos estaban enfocados en lo que hice en el pasado, ¡lo que no podía cambiar! Lo que sí podía cambiar era como veía la situación en la que me encontraba. Yo sí podía verlo de otra manera.

Empecé a imaginarme en un capullo divino donde estaba siendo cuidada, nunca estaba sola, estaba protegida y a salvo. Ese "capullo" era la mente de Dios, donde nadie me podía hacer daño. Lo único que podía hacer respecto al pasado era aceptar que había hecho lo mejor que podía con la conciencia que tenía en ese momento. No era mala, pecadora o culpable; yo había hecho lo mejor que podía haber hecho. Perdonarme a mí misma me permitió dejar de lamentarme por una cosa tras otra y finalmente liberarme de mi pasado. Escogí recordar sólo el amor que di y que recibí — porque eso era lo único real. El milagro es que paré de sentirme como si hubiese perdido algo y comencé a sentirme como que lo había ganado todo, porque aprendí que podía escoger no vivir en el pasado ni un minuto más.

Práctica: Carta de compromiso

Ya que muchas veces nos vemos tentados a regresar a patrones de pensamiento que nos hacen infelices, es bueno recordar el perdón es más efectivo cuando es un compromiso diario. Una manera de acordarte de que has elegido perdonar es escribir una "carta de compromiso" hacia ti mismo. En esta carta corta, habla sinceramente sobre lo que te motiva a cumplir con tu compromiso de perdonar. Como ejemplo, esta es una que escribí:

Mi compromiso de perdonar significa que constantemente le pido al Espíritu Santo que me ayude a ver las cosas de otra manera y que estoy siempre dispuesta a cambiar mi percepción. Prometo acordarme que este mundo no es real, que mi hogar es Dios, así que puedo hasta reírme de las idioteces con las cuales he sustituido al amor de Dios.

Me comprometo a verlo todo con la visión de Cristo, lo que significa que no veo el pasado ni el futuro. Esta manera de ver las cosas me recuerda que soy la luz del mundo. Camino por este mundo ilusorio con la luz del perdón encendida, dejando ir los juicios y miedos para poder traer la verdadera felicidad a mí misma y a los demás.

PUNTOS CLAVES

- El perdón quita las barreras al amor para que puedas ver el mundo de una manera distinta.
- ¡Juzgar mata tu felicidad!
- No puedes creer en el amor y en el miedo al mismo tiempo.
- El perdón es un cambio de percepción del miedo al amor.
- Cualquier experiencia o sentimiento que no viene del amor, es *literalmente* irreal.
- Se perdona a los demás por lo que *no* hicieron.
- Haces lo mejor que puedes con la conciencia que tienes en el momento.

CAPÍTULO 6

Tú puedes vivir sin miedo

No soy débil, sino fuerte. No soy un inútil, sino alguien todopoderoso.
No estoy limitado, sino que soy ilimitado.
No tengo dudas, sino seguridad. No soy una ilusión, sino algo real.
No puedo ver en la obscuridad, sino en la luz.

— *UCDM, Libro de ejercicios, Lección 91*

El miedo es la forma en que el ego toma a nuestra mente de rehén. Algunos de mis estudiantes se paralizan con el miedo; sienten que no los deja seguir adelante, encontrar su propósito o vivir feliz. Sé que están atrapados por el miedo cuando oigo cosas como:

> "Tengo que quedarme horas extra y no cometer errores en el trabajo porque me pueden despedir."
> "No puedo escribir un blog así como así. ¡Soy escritor y me tiene que salir perfecto!"
> "No puedo enfrentarme a mi esposa porque después no me deja ver a mis hijos."

Muchos de nosotros nos hemos creído las bobadas del ego por demasiado tiempo. Esa voz nos ha hecho creer el cuento de que "tú no mereces un final feliz," pero te tengo que decir que eso es una completa y total mentira. En este capítulo, te voy a ayudar a entender que, no sólo es tu derecho divino tener un final feliz, sino que puedes lograr despertar a la verdad durante el camino. Pero para eso tienes que soltar las cadenas de miedo del ego, aunque te hayas acostumbrado a ellas.

La voz del miedo

El miedo surgió cuando decidimos que era posible separarnos de Dios, que podíamos ser otra cosa que el amor pleno que es nuestra verdadera naturaleza. Eso creó lo opuesto en nuestra mente, lo que conocemos como el ego, que es un dios de miedo. El ego nos trata de convencer que las situaciones "allá afuera" son la fuente de nuestro miedo y, a veces, puede hasta declarar victoria sobre estos eventos externos. Pero el miedo crece dentro de nosotros y nuevos infiernos siempre se avecinan si aceptamos los pensamientos conflictivos del ego. Esta dinámica explica la locura y la violencia de la raza humana en este sueño colectivo que llamamos "el mundo real."

La gente vive con miedo porque se han olvidado de quienes realmente son y han reemplazado su verdad con fantasías. Han caído en un sueño profundo en el que creen que el mundo que ven es real y se sienten atrapados en su oscuridad, pero no saben cómo arreglarlo. La verdad es que siempre hay una luz dentro de nosotros, pero tenemos miedo de verla. Lo que nos ayuda a eliminar ese miedo es el estar dispuestos a recordar que habitamos en la mente de Dios.

Para vivir sin miedo, tenemos que saber que nuestra mente está dividida: está el ego, que es la voz del miedo, y está el Espíritu Santo, que es nuestro puente al amor de Dios. Cuando no estamos cegados por el ego, podemos escoger claramente entre una de estas dos.

¿Qué significa todo esto? He aprendido que, si consistentemente oigo la voz del amor dentro de mi mente, no siento miedo. Para hacer esto, tuve que tomar la decisión de dejar ir la crítica, los lamentos y el tratar de manipular las cosas para que fueran de cierta manera. Tuve que elegir dejar ir la preocupación y recordar que el Espíritu Santo siempre está a mi lado.

Esto no quiere decir que es fácil diferenciar entre la voz del ego y la del Espíritu Santo. Aquí te doy unas sugerencias para que puedas descifrar quién es quién.

El ego suena así:

- Te dice que ¡tienes que tomar acción AHORA mismo o te va a ir mal!
- Te advierte que te van a hacer daño o estás en riesgo de perder algo; es reactivo y está siempre a la defensiva.
- Tiene expectativas muy altas y rígidas de cómo deben suceder las cosas y siempre quiere tener la razón.
- Insiste que tienes que hacer algo para encontrar la felicidad — por ejemplo, para ser feliz, tienes que graduarte de la universidad, conseguir ese estacionamiento, encontrar al hombre o mujer de tus sueños…bla, bla, bla.

Lo que el ego no te dice es que la supuesta felicidad que vas a "obtener" es temporera. Nada que no sea de Dios te puede satisfacer de la manera que realmente quieres. No importa cuántas posibilidades el ego te ofrezca diciéndote que de seguro esa te va a hacer feliz, todas te llevan a un final deprimente.

La voz del Espíritu Santo, sin embargo, es muy diferente:

- Te relaja y te da paz; no hay prisa porque se te indica todo lo que tengas que hacer o decir en el momento preciso.
- Te recuerda que no puedes perder y no hay nada de lo cual te tengas que defender.
- Te anima a que te mantengas receptivo y confiado acerca del futuro.
- Te recuerda que, en realidad, no tienes que hacer nada, que todo está perfecto exactamente como es.

Podemos considerar todo lo que parezca un problema como una alerta para que ignoremos los malos consejos del ego y escuchemos los de la voz más sabia dentro de nosotros. Ya sea que te enfrentes a una auditoría de impuestos, una multa por estacionamiento o malas noticias del doctor, el Espíritu Santo dice, "Oye mi voz y te voy a enseñar que sólo el amor es real." Si te sientes lleno de entusiasmo e inspiración, ¡ahí es cuando sabes que estás escuchando la voz correcta!

Rafael: Aprendiendo a escuchar una voz nueva

Rafael fue despedido de su trabajo mientras pasaba por un divorcio muy conflictivo. Su esposa le peleaba por todo y le ponía muchas trabas y condiciones para que él pudiese estar presente en la vida de su hija. Cada vez que hablaban terminaban discutiendo, hasta que llegó el punto en que pararon de hablar completamente. Rafael estaba viviendo en Argentina y su mamá, una cliente mía, le pidió que viniera a Los Ángeles porque estaba preocupada — Rafael bebia mucho, tomaba pastillas y estaba sumido en una depresión profunda. Me pidió que me sentara con él y le diera consejería espiritual.

En nuestro primer encuentro, Rafael parecía estar aterrorizado desde el momento en que entró por la puerta. Era obvio que estaba muy triste, así que empezamos por hablar acerca de cómo el ego dominaba su mente por completo. Él lo analizaba todo, lamentándose por como hizo las cosas en el pasado y preocupándose por el futuro. Le pedí que considerara la posibilidad de que su pasado en realidad era perfecto porque él hizo lo mejor que pudo en el momento.

Él también pensaba que nunca se iba a llevar con su esposa o tener una relación con su hija. No podía dormir de tanto preocuparse por un futuro que él creía iba a ser muy oscuro. "Eso es lo que yo llamo la voz loca del ego," le sugerí gentilmente. "No puedes dormir y estás deprimido por algo que ni siquiera ha pasado."

A través de nuestras sesiones, vi cómo Rafael aprendía a reconocer sus pensamientos erróneos y cómo se iba dando cuenta que la ansiedad y el miedo no eran inevitables, que sí los podía cambiar. De hecho, él los estaba escogiendo al creer en la voz loca del ego. Durante los meses que siguieron, Rafael comenzó a dormir más y beber menos, empezó a meditar y a escribir en un diario. En una de sus meditaciones, oyó claramente una voz que le decía, "No te preocupes," lo que lo calmó mucho.

En vez de tenerle miedo a su esposa, empezó a estar consciente de su rencor y a perdonarla. También se dio cuenta de cómo estaba juzgando a su mamá, y aprendió a pausar y pedirle al Espíritu Santo que lo ayudara a ver las cosas de manera distinta. En nuestra última sesión, Rafael me dijo que se sentía en paz. Había decidido volver a Argentina y poner su vida en orden, paso por paso. Sus problemas no estaban resueltos del todo, pero había cambiado la forma en que los manejaba, porque había aprendido a escuchar el consejo de la otra voz. Me dio tanta alegría verlo con una sonrisa amplia, sin miedo, cuando salió por mi puerta por última vez.

La única guerra que importa es la que ocurre en la mente. Ahí está la raíz de todos nuestros conflictos y es ahí el único sitio donde podemos resolverlos. Una vez hayamos superado el miedo dentro de nosotros, no habrá guerra afuera.

Práctica: Mantra para reducir el miedo

Para ayudarte a reducir el miedo, repite el mantra que sigue a través del día: "Yo soy la obra de Dios, y Su obra es totalmente digna de amor y totalmente amorosa" (*UCDM*, Cap. 1, Sección III). Repite esto tan frecuentemente como puedas. Puedes también usarlo cuando pienses en otra gente, especialmente aquellos contra quien tienes algún tipo de rencor. Di de ellos: "Tú eres la obra de Dios, y Su obra es totalmente digna de amor y totalmente amorosa." Practica esto como una meditación con los ojos cerrados. Imagina que te estás mirando en un espejo y diciéndote estas palabras a ti mismo, o imagina que otra gente está al frente tuyo y díselos a ellos.

El poder del perdón

Un domingo, después de dar dos servicios en la iglesia Unity, me encontré recostada en mi sofá, sufriendo por un hombre que realmente me gustaba. (¡Sí, esto es un problema recurrente en mi vida!) Las cosas no iban como yo quería, él no estaba respondiendo a mis mensajes o pidiéndome que saliéramos juntos. Mientras trataba de inventarme excusas para mandarle un texto e invitarlo a cenar — léase: pensando en cómo podía manipular la situación — comencé a sentirme insegura y ansiosa. Estos sentimientos me son muy familiares y me decepcioné conmigo misma. Después de todo, ahora era ministra y líder espiritual…se supone que tuviera las cosas bajo control, ¡no llorando por un hombre después de dar un sermón!

Pero así estaba — en lágrimas, teniendo pensamientos obsesivos, sintiéndome que no merecía nada. Ahí es que le pedí al Espíritu Santo que me mostrara cómo salir de esta. ¿Sería posible reaccionar sin miedo, estando en paz y valorándome a mí misma en esta situación…es decir, todo lo opuesto de lo que sentía en esos momentos? Esta área de mi vida era una pesadilla y yo estaba lista para un cambio… ¡pero ya! Inmediatamente recibí inspiración:

Tienes que perdonar a tu papá…no sólo a él, sino que a todos los hombres en tu vida.

En esos instantes, las lágrimas pararon y sentí una paz inesperada. Pero también me quedé confundida. ¿Perdonar a mi papá? Él murió cuando yo tenía tres meses de nacida y yo no tenía memoria de él. No veía cómo podía ser que nuestra conexión me hubiese afectado. Lo único que sabía era que él había tratado de suicidarse más de una docena de veces, antes de que finalmente lo lograra con un tiro en la cabeza. Mi mamá sí que luchó mucho durante esos años. No sólo perdió a su esposo, ya antes había perdido un hijo (uno de mis hermanos murió a los nueve años en un accidente de bicicleta). Antes de morir, mi papá también había sufrido mucho con la muerte de mi hermano, además de siempre haberse sentido culpable por irse de Cuba en el 1966, dejando atrás otros dos hijos de un matrimonio anterior.

No me acordaba de él, pero me habían dicho que estaba tan feliz cuando yo nací que los doctores pensaron que ya no quería suicidarse. Sin embargo, tres meses después sí lo hizo — y cada vez que me acordaba, me ponía muy triste. Pero esta vez, sentada en mi sofá, le presté atención a esa tristeza en vez de tratar de olvidarla, y lo que sentí fueron náuseas y enojo. Él nos abandonó, a mí y a mi mamá. Nos dejó a todos para que nos las arregláramos como pudiéramos solos.

Entonces hice la conexión: al principio de mi relación con mi ex-marido, yo siempre temí que me fuera a dejar en cualquier momento, ¡tal como lo hizo mi papá! Cuando miré toda esta situación con la ayuda del Espíritu Santo, este es el mensaje que recibí:

¡Qué alegría que estás viendo esto conmigo! Lo que parece que le pasó a tu papá no tenía nada que ver contigo. No hiciste nada malo. Su vida fue su sueño, su experiencia, y las lecciones que él escogió aprender. En verdad, tu padre nunca te abandonó porque tu padre verdadero vive dentro de ti y nunca te podría dejar. Has estado buscando un hombre que sustituya el amor que siempre has tenido dentro.

Al oír esto, me sentí inspirada a escribirle esta carta a mi papá:

Papi,

Nunca te llegué a decir que te amo. Siento mucho todo el dolor que sufriste y confío que estás en un lugar mejor. Tú eres mi príncipe, mi ángel guardián, porque en verdad yo sé que tú nunca me dejaste y nunca lo harás. Somos uno, ya ves. Tú eres un espíritu maravilloso que ha sido un gran maestro. El tú dejar tu cuerpo nunca fue por mi culpa, pero de algún modo pensé que tenía que ver conmigo. He cargado con esto por tanto tiempo. Pero ahora sé que lo que sea que pensé que significaba esto no es verdad, y estoy lista para dejar ir esa cruz. Estoy dispuesta a perdonarte, Papá.

Después de escribir esta carta, recibí instrucciones muy específicas y prácticas para un proceso que llamé "Siete pasos y siete días para vivir sin miedo." No había visto ni pensado en un proceso así antes y sabía que lo tenía que hacer, aunque estaba muy fuera de mi zona de confort y sentía mucho temor al pensarlo.

Seguí el proceso que describo abajo por los siete días y, en esos días, perdoné a todos los hombres en mi vida. Fue una de las cosas más conmovedoras y dolorosas por las que he pasado, peor que mi embarazo ectópico. De hecho, esa semana tenía que dar una charla y tuve que traer una asistente que me ayudara porque llevaba noches sin dormir. Pero como quiera fui — me tapé las ojeras con maquillaje, usé lo que estaba sucediendo dentro de mí como una lección en la charla y todo fue muy bien.

Así que no dejes que el miedo te frene cuando vayas a hacer este proceso. Piensa en esto como algo que te va a ayudar a traer la memoria del amor de regreso a tu mente.

Práctica: Siete pasos y siete días para vivir sin miedo

Haz una lista de toda la gente que está directamente relacionada con una situación en particular. Por ejemplo, en mi caso, yo me enfoqué en mis problemas con los hombres así que incluí a todos mis ex novios.

El objetivo es que, al final de los siete días, hayas perdonado a todas las personas conectadas a esa situación, para que puedas completar el proceso en una semana. Piensa en una persona a la vez y repite los pasos de 4 al 7 con cada una de ellas. Asegúrate de tener una computadora o libreta a la mano para que puedas escribir tus pensamientos durante el proceso. Después de siete días, yo tenía quince páginas de notas.

Estos son los siete pasos:

1. Escoge el problema que más te molesta en este momento, el que sientes que *tienes* que resolver y que te causa miedo, enojo o frustración.

2. Viaja atrás en el tiempo y haz una lista de todos los que están involucrados en ese problema. Por ejemplo, si estás trabajando con la inseguridad, puedes incluir a gente de tu familia, de la escuela o del trabajo que sientes que te hicieron sentir que no valías.

3. Por los próximos siete días, haz el proceso con cada una de esas personas, en orden cronológico de como aparecieron en tu vida. Si tu lista incluye más de siete personas, vas a tener que hacer más de una persona al día y si tienes menos, puedes repetir algunas.

4. Reflexiona sobre cómo esa persona te hizo sentir y lo que crees que te hicieron. Relata la historia de cómo fue que te hirió esa persona.

5. Abre tu mente para poder ver el problema y la persona de manera diferente. Pídele al Espíritu Santo que te muestre una manera de sentirte poderoso en vez de frustrado o asustado. Escribe las ideas que te lleguen.

6. Escríbele una carta a la persona. Como ejemplo, lee la que le escribí a mi papá (página 83).

7. Perdona a la persona usando la práctica del capítulo 5, "El proceso del perdón" (página 69).

Cuando hice este proceso, también fui guiada a hacer lo siguiente:

- Meditar un mínimo de diez minutos al día.
- Enfocarme en pensamientos amorosos a través del día.
- En cada situación en la que me encontraba, me preguntaba: ¿Esta decisión que voy a tomar está alineada con mis valores?

Puede ser mejor que hagas este proceso por la mañana cuando estés descansado y tu mente esté bien despierta. No importa cuanta gente incluyas, continúa el proceso por siete días, ya que eso te permite agarrar impulso y desarrollar el enfoque necesario para llegar al cambio que quieres. Te puedes sorprender al ver que el problema con el que empezaste no es el mismo con el que terminas. Tómate tu tiempo y sé gentil contigo mismo.

Mientras más profundo vayas y más honesto seas, más beneficios recibirás. Después de terminar el proceso, me sentí como si hubiese viajado del infierno (sintiéndome ansiosa, triste y enojada) al cielo (sintiéndome en paz, alegre, feliz). No fue que solucioné el problema con el que había empezado — queriendo la atención de un hombre y "hacer" que me quisiera — fue que, una vez que decidí avanzar sin miedo sanando todos los rencores contra los hombres en mi vida, ya no importaba.

A través de esta práctica, pude entender que mi problema nunca fue un hombre ú otro. La raíz de tantos de nuestros problemas es el tratar de encontrar, forzar, o fantasear con un amor que ya tenemos dentro. Lo que necesitamos es no mentirnos más a nosotros mismos con estos "problemas." Sí, podemos vivir felices para siempre, pero no es consiguiendo todo lo que queramos, sino encontrando el camino a esa parte de nosotros que ya está libre de todo miedo.

PUNTOS CLAVES

- El miedo es la manera en la que el ego toma a nuestra mente como rehén.
- Sentimos miedo cuando nos olvidamos de quienes somos en espíritu.
- Podemos aprender a oír una voz diferente, la del Espíritu Santo, en vez de la voz del ego, que es el miedo.
- Para vivir sin miedo necesitamos perdonar el pasado y abrir nuestra mente a una manera distinta de ver las cosas.
- El proceso de siete pasos y siete días para vivir sin miedo nos ayuda a desarrollar el impulso y enfoque que necesitamos para soltar los problemas que creemos tener.

CAPÍTULO 7

Tú no estás estancado

La resistencia al dolor puede ser grande, pero no es ilimitada.
A la larga, todo el mundo empieza a reconocer, por muy vagamente
que sea, que tiene que haber un camino mejor. A medida que este
reconocimiento se arraiga más, acaba por convertirse en un punto
decisivo en la vida de cada persona.

— UCDM, Cap. 2, Sección III

¿Cómo te sientes? Hemos cubierto mucho material ya. Algunas cosas de las que hemos hablado pueden haberte llegado muy profundo y otras quizás no tanto. Puedes haber entendido unas partes más claramente que otras; pero, cualquiera que haya sido tu experiencia, todo está bien. Haber llegado hasta aquí ya es prueba de tu voluntad y tu deseo de cambiar.

Espero que ahora sepas que no importa cuánto tiempo hayas pasado en la tristeza y el dolor o aun si pensabas que habías perdido la capacidad de ser feliz, sí hay un camino mejor. La cosa es que tienes que realmente querer tomar ese camino, porque la única manera de cambiar de verdad es pensar de una manera totalmente distinta y estar dispuesto a mirar más allá de lo que crees que sabes.

Observo esto una y otra vez con mis estudiantes y clientes: quieren cambiar, pero…no todavía. Quieren que sus vidas mejoren, pero…no si tienen que cambiar la forma de pensar o dejar de juzgar. Me dicen cosas como:

"Me gustaría crear mi propia compañía, pero no sé ni por dónde empezar."

"Quisiera dejar de fumar, ¡pero es que no puedo!"

"Quisiera no ser adicto a mi trabajo, pero tengo que ser buen proveedor para mi familia."

"Quisiera pasar más tiempo con mis hijos, pero no me puedo enfrentar a mi ex-esposa."

Muchas veces nos apegamos tanto a la vida que tenemos, a hacer las cosas de la misma manera todos los días que, aun cuando deseamos un cambio, pensamos que es imposible así que ni siquiera tratamos. Creemos que estamos estancados, sin darnos cuenta de que, en realidad, ¡son nuestros pensamientos los que no avanzan! La buena noticia es que también son los pensamientos los que nos pueden sacar adelante. El Curso lo explica de esta manera:

Son muy pocos los que aprecian el verdadero poder de la mente, y nadie permanece totalmente consciente de él todo el tiempo. No obstante, si esperas librarte del miedo hay algunas cosas que debes comprender, y comprender plenamente. La mente es muy poderosa y jamás pierde su fuerza creativa. Nunca duerme. Está creando continuamente. Es difícil reconocer la oleada de poder que resulta de la combinación de pensamiento y creencia, la cual puede literalmente mover montañas. A primera vista parece arrogante creer que posees tal poder, mas no es ésa la verdadera razón de que no lo creas. Prefieres creer que tus pensamientos no pueden ejercer ninguna influencia real porque de hecho tienes miedo de ellos.... No hay pensamientos fútiles. Todo pensamiento produce forma en algún nivel (*UCDM*, Cap. 2, Sección VI).

Los pensamientos que nos mantienen estancados

Tenemos que estar muy conscientes de los pensamientos del ego. Los hacemos reales, les damos vida al creerlos — pero eso significa que también podemos cambiarlos. Los obstáculos que parecen interponerse cuando tratamos de cumplir nuestros objetivos nunca están afuera, están dentro de nosotros. Tanto lo que nos aguanta como lo que nos impulsa hacia adelante tiene que ver con lo que creemos que es verdad en el momento.

El camino a nuestra libertad es entender que nuestras experiencias nacen de lo que pensamos y que tenemos el poder de renunciar a lo que pensamos. Hacemos esto al ceder nuestra mente al Espíritu Santo, a nuestra mente sabia, para poder ver las cosas de manera diferente. Esto es lo que significa "escoger el milagro": escoger de nuevo y confiar que tenemos un poder inteligentísimo dentro de nosotros — nuestro propio maestro de amor — que nos va a ayudar.

Préstale atención especial a los pensamientos limitantes o negativos que no quieres dejar ir, esos a los que te apegas, aunque no te hacen sentir bien. Ya que lo que ves en el mundo exterior es un reflejo de tus pensamientos, el mundo aparenta ser hostil o frustrante cuando lo que estás pensando es, como te dije antes, *caca*. Entregarle los pensamientos al Espíritu Santo te ayuda a reconocer que tu verdadero hogar no está en este mundo deprimente, sino en la mente de Dios. Cuando regresas a ese hogar en tu propia mente, percibes el verdadero amor que es la Creación.

Como ejemplo, aquí te doy unos pensamientos limitantes y cómo se podrían cambiar al dárselos al Espíritu Santo:

- Pensamiento: "No me puedo mudar de la ciudad donde nací. ¡Es todo lo que conozco!"
  Espíritu Santo: *Yo honro el deseo de mi corazón de mudarme. Yo soy capaz de mudarme a donde sea.*
- Pensamiento: "Quisiera pasar más tiempo con mis hijos, pero tengo miedo de enfrentarme a mi exesposa. ¿Y si me demanda?"
  Espíritu Santo: *Yo confío en que todo está cayendo en su sitio, aun si no lo parece. Puedo ceder mis pensamientos a mi sabiduría interna. No tengo nada que temer.*
- Pensamiento: "No lo puedo perder. ¡Es el amor de mi vida!"
  Espíritu Santo: *El amor de mi vida es mi verdadero Ser. No necesito a nadie ni nada afuera de mí para ser feliz y prosperar en mi vida. El amor de Dios es lo que me sostiene.*

Cambiar nuestros pensamientos de esta manera no va inmediatamente a resolver nuestros problemas. Pero sí abre el camino hacia la solución porque nos da acceso total al poder creativo de nuestra sabiduría interna. Cuando nos quedamos estancados haciendo las cosas de cierta manera, es generalmente porque hemos escondido la mejor parte de nuestras mentes — nuestra inteligencia espiritual — de nuestra conciencia. Eso significa que nos conformamos con esas creencias falsas que nos dicen que las cosas van a ser siempre iguales y se nos hace muy difícil cambiar el presente.

Zona de confort = zona de infelicidad

El miedo a un futuro desconocido nos mantiene estancados. Pensamos que nuestra zona de confort es un sitio seguro para estar, pero no lo es. Es como acostumbrarse a dormir en una silla plegadiza porque no nos hemos comprado una cama. Aunque estamos insatisfechos, nos quedamos donde estamos porque es lo que conocemos. Tenemos que entender que, en realidad, nuestra mayor felicidad llega cuando vivimos una vida plena y auténtica, lo que casi nunca encontramos en la comodidad y en la rutina.

Muchas cosas verdaderamente milagrosas me sucedieron cuando dejé la zona de confort de la ciudad donde nací, Miami, y me mudé a Los Ángeles. Yo había soñado con vivir en Los Ángeles desde que era una niña. Cada vez que veía el programa de los ochentas, *Punky Brewster*, me moría por actuar en el show. Después de todo, Punky tenía una amiga afro-americana, ¡así que yo podía ser su amiga latina! Mi mamá me dijo que el show se grababa en Los Ángeles y yo sabía que eso estaba muy lejos de la Florida.

Mi deseo de vivir ahí aumentó durante mi adolescencia y mis veintes, ¡pero yo no me atrevía mudarme! Tenía muchas excusas — es muy lejos de Miami, extrañaría demasiado a mi familia, mi carrera estaba floreciendo allí, en fin, Miami era mi hogar y todo lo que conocía.

Pero una noche, después de escribir en mi diario, tuve una visión de lo que sería vivir en Miami para siempre, yendo al mismo tipo de audiciones, siendo contratada para los mismos tipos de trabajos. Eventualmente, haría lo que las mujeres se supone que hicieran: casarme y quedar encinta. A lo mejor eso podría ser satisfactorio, pero significaría ignorar el llamado de mi corazón, uno que tenía desde muy niña. ¡Tenía que desestancarme y mudarme! Ahí fue cuando decidí dejar a Miami y empezar de nuevo en Los Ángeles.

Ya una vez ahí, me sentí guiada a otro camino. Como mencioné antes, comencé mis estudios ministeriales en Caminos de Luz con la intención de sanar después de mi divorcio. Lo que no había compartido es lo *asustada* que estaba cuando sentí ese llamado para ser ministra. No quería oírlo. Recuerdo haberme dicho a mí misma: estoy haciendo esto para sanar y aprender más sobre el Curso, NO para ser ministra. ¡Yo soy actriz!

Me resistí tanto que me tomó tres años terminar un currículo que se puede terminar en uno. De hecho, hasta me tomé una pausa de seis meses porque todavía andaba hipnotizada por el mundo exterior. Yo lo sentía muy real. Después de unos meses muy auto-destructivos de fiesta en fiesta, bebiendo y usando drogas, me sentía absolutamente desgraciada y harta de encontrarme en el mismo sitio. Me inscribí en los cursos que seguían para ser ordenada como ministra y empecé a realmente oír la voz del Espíritu Santo a través de los cursos. ¡Por fin estaba lista! Cuando la Iglesia Unity Burbank me pidió que diera el servicio, supe que ese era el camino. Inmediatamente otras oportunidades de dar charlas aparecieron y me di cuenta que, en Los Ángeles, ¡uno puede ser actriz, anfitriona de programas de televisión y reverenda a la vez!

Estoy tan agradecida de que finalmente empecé a prestar atención a las señales y le dije que "sí" al llamado aunque tenía miedo. Volví a mis estudios de Caminos de Luz, aunque eso estaba absolutamente fuera de mi zona de confort. Si no hubiese estado dispuesta a estar incómoda, me hubiese quedado en un estado de auto-destrucción y no hubiese encontrado mi propósito de ayudar a otros a vivir feliz.

La prisión de la preocupación compulsiva

¿Tienes un problema en el que piensas todo el tiempo — tan pronto te levantas, cepillándote los dientes, yendo al trabajo, durante el almuerzo, la cena, y finalmente cuando te acuestas en la cama y deberías estar durmiendo? En vez de descubrir una solución, todo lo que haces es revivir las mismas preocupaciones una y otra vez: ¿Cómo me metí en esta situación? ¿Por qué me está pasando esto? ¿Por qué es que esta persona se rehúsa a hacer lo que yo quiero? ¿Qué pasaría si hago esto? ¿Qué pasaría si digo aquello?

Preocuparse compulsivamente significa que crees que tus problemas son muy reales (lo que yo llamo los *grandes problemas*) y que no tienen solución. Ahí es que sabes que estás oyendo al consejero incorrecto; como nos recuerda el Curso: "La regla del ego es: Busca, pero no halles" (*UCDM*,

Cap. 12, Sección V). Mientras estés escuchando el consejo del ego, vas a estar preocupándote por las mismas cosas una y otra vez. Y la preocupación es sólo otra manera de decirte a ti mismo: "Así es como tiene que ser. Es necesario que me preocupe. Tengo que sufrir. Tengo que ser infeliz."

Si quieres soltar y dejar ir esos viejos problemas y cambiar tus pensamientos, puedes hacer lo siguiente:

1. Tienes que reconocer que sólo hay UN problema: que crees que te separaste de Dios (¡no es verdad!) y que mereces castigo por eso.
2. Tienes que decir NO MÁS a la preocupación compulsiva.
3. Tienes que sustituir pensamientos felices por los de preocupación — ¡aun si no quieres ni sientes que puedes!

Cambiar tus pensamientos no es algo que se hace una vez y ya; es una práctica constante. Entender que puedes cambiar y no tienes que hacer lo mismo que siempre has hecho es sólo el principio. Ahora tienes que empezar a abrir tu mente a nuevos pensamientos y experiencias felices.

Primero, tienes que estar atento y presente, consciente de lo que estás pensando o sintiendo. Cuando veas que no estás en paz, simplemente nótalo y escoge un pensamiento mejor. Puede ser tan sencillo como decir, "Escojo estar en paz ahora." Elije esto una y otra vez. Si practicas, pensamientos positivos van a surgir automáticamente cuando sientas que un problema no tiene solución. Ahí es cuando vas a darte cuenta que sentirte infeliz siempre es debido a tus pensamientos, no a lo que está pasando a tu alrededor.

Práctica: Meditación para liberarte de preocupaciones

Sé que has oído que la meditación alivia el estrés y mejora tu salud en general. Para mí, la importancia de la meditación radica en que amplifica la voz amorosa del Espíritu Santo dentro de mí. Por eso animo a mis clientes y estudiantes a hacer meditaciones auto-guiadas. Antes de compartir una muy efectiva que puedes hacer por ti solo, déjame darte algunas sugerencias que te harán meditar más fácil.

- Escoge un sitio callado donde nadie te moleste.
- Respira hondo y pon tu atención en tu respiración. Regresa a la respiración siempre que te acuerdes.
- Si tienes la oportunidad, prende una vela o incienso.
- Visualiza lo que te estás diciendo. Si te dices en el silencio que ves una luz arriba de tu cabeza, haz que esa imagen sea lo más vívida posible en tu mente.

Para empezar, cierra tus ojos y respira profundamente. Visualiza un globo de luz dorada sobre tu cabeza.

Ve como esa luz desciende por tus ojos, boca, pecho y corazón, donde puede ser que cambie de color. Ve como la luz continúa bajando por tu cuerpo hasta los dedos de los pies.

Respira hondo otra vez y, despacio, di "paz" cuantas veces lo sientas necesario.

Ahora, visualiza un altar. En ese altar, vas a poner todas tus preocupaciones y problemas. Quizás puedes envolverlos o ponerlos en cajitas de diferentes colores. Puede ser que termines con muchas cajitas; pero si el número de cajitas y preocupaciones te pone un poco incómodo, pon tu incomodidad en otra cajita y ponla en el altar también.

Ahora, siente la presencia del amor al lado de tu altar. Quizás veas una imagen de un ángel, un santo, o de Jesús, cualquier forma o símbolo que represente tu conexión personal al amor.

Entrégale todo lo que pusiste en el altar a esa presencia de amor. Declara lo siguiente: "Dios, te entrego todas las preocupaciones, inquietudes y creencias negativas que me mantienen estancado e incapaz de sentir Tu amor. Te escojo a ti en vez de esto. Que sea Tu voluntad."

Cuando estés listo para regresar, respira profundamente varias veces y abre los ojos.

Estas instrucciones son sólo una guía, un modelo que puedes adaptar para tu propio uso. Aun si no sientes mucha diferencia esta primera vez, repite esta meditación cada vez que te sientas atrapado por tus problemas y vas a tener mejores y mejores resultados. No te sorprendas si ves que cambias la meditación cada vez que la haces. Esto es normal y es una señal de que tu habilidad de visualizar y meditar va aumentando. Esta práctica puede inspirarte a crear nuevas técnicas para salir adelante.

Ah y no te preocupes si, durante una meditación, empiezas a pensar en otras cosas que no parecen relevantes. No importa — a mí me pasa también, especialmente si tengo hambre. Empiezo a pensar en una comida cubana bien deliciosa como arroz blanco, frijoles negros y plátanos fritos...¡Mmm...qué rico!

Si te das cuenta que te has distraído, regresa tu atención al presente y continúa la meditación. Ya después que termines puedes comer o hacer lo que sea que estabas pensando.

Resiliencia

Para evitar estancarte tienes que aumentar tu resiliencia. ¿Qué quiero decir? Que tienes que aumentar la capacidad de continuar hacia adelante, sin importar las dificultades que enfrentes. Es fácil quedarte atascado en el pasado después de situaciones difíciles en tu vida. Al tratar de protegernos a nosotros mismos, llegamos a sentirnos como víctimas de nuestras circunstancias, a veces hasta literalmente terminando nuestras vidas cuando pasamos por algo traumático como la pérdida de un trabajo, un divorcio o la muerte de un ser querido.

En mi vida, mi mamá fue la que me enseñó lo que era la verdadera resiliencia.

En 1966, cuando el comunismo subió al poder en Cuba,

mi mamá se fue de la isla con una sola maleta en mano. Junto con mi papá y sus dos hijos, se mudó a España, después a Nueva York y, finalmente, a Miami. Fue ahí que mi hermano de nueve años murió en un accidente terrible, cuando un carro lo atropelló mientras corría en bicicleta. Mi mamá estaba simultáneamente sufriendo esa muerte, embarazada conmigo y tratando de encargarse de un marido deprimido y suicida. ¿Te imaginas cómo se debe haber sentido? Tiene que haber sido un infierno en vida, especialmente porque mi papá sí terminó suicidándose sólo tres meses después de que ella me dio a luz.

En circunstancias así es cuando no nos podemos dar el lujo de quedarnos en el infierno. Tienes que recordar quien eres y lo que eres. Recordar tu divinidad te da la fortaleza para sanar mientras manejas los quehaceres de la vida diaria. Mi mamá no se dio oportunidad de quedarse estancada; no dejó que la muerte de mi padre y mi hermano la destruyeran. Tuvo el coraje de levantarse y expresar su grandeza. En ese tiempo, eso significaba aprender inglés, buscar un trabajo y mantener a su familia lo mejor que podía. Mi otro hermano, que en ese entonces tenía dieciséis años, consiguió trabajo y ayudaba con las cuentas de la casa. De hecho, él fue el que me compró mi primera cuna y, años después, recuerdo que hasta me ponía el maquillaje en el mostrador de cosméticos del centro comercial.

Cuando yo tenía cuatro años, mi mamá se volvió a casar, dándome la oportunidad de tener un papá maravilloso que siempre pareció ser mi papá biológico. Yo nunca le llamé "padrastro." Él me contó que, en su primera cita con mi mamá, fueron a la playa y yo fui con ella porque no pudo encontrar una niñera. Él dice que me vio y pensó: "Esta niña va a ser mi hija. La voy a amar como si fuera mía." ¡Y así lo hizo! Siempre me animó a seguir mis sueños, aun cuando deseaba que hubiese hecho las cosas de otra manera. Siempre ha honrado mis decisiones y me ha apoyado incondicionalmente, tanto como lo hizo mi mamá.

La resiliencia también sirve de ejemplo para los que te rodean. Cuando estaba en el hospital por mi embarazo ectópico, mi hermano voló de Miami a Los Ángeles esa misma noche y estaba al lado de mi cama cuando yo abrí los ojos por la mañana. Se quedó conmigo en el hospital todo el tiempo que yo estuve allí, no se fue de ahí ni siquiera para bañarse. Eso es amor y generosidad verdaderos. Creo que hizo eso, en parte, porque él lo aprendió de nuestra mamá, quien puso nuestras necesidades primero y su sufrimiento segundo. Su resiliencia me dio una niñez feliz y un modelo extraordinario a seguir.

No eres el centro del universo

El síndrome de "Yo, yo, yo" es otra cosa que te puede mantener estancado. Ser egocéntrico quiere decir que no estás centrado en el amor, ya que el amor incluye a todos. Amor es amor es amor es amor es amor....Si quieres ser libre, tienes que tener una mentalidad de "todos somos uno," es decir, que entiendes que hay suficiente amor para repartir, que basta y sobra para todos y no todo tiene que estar enfocado en ti.

El Curso nos enseña esta idea liberadora: "Dios es sólo amor, por ende, esto es lo que soy yo." También sugiere que todos somos maestros de Dios. Eso quiere decir que eres maestro del amor. Cuando te das cuenta de lo que esto significa, no tienes que preocuparte por cuanta atención tu "yo" está recibiendo porque sabes que tu ser verdadero es la fuente de toda la atención que puedas querer. ¡Mientras más amor das, más amor tienes!

Claro, así no es que funciona el ego; el ego nos hace sentir que nunca recibimos suficiente atención así que tenemos que buscar más y más, pero nunca se satisface. Sin embargo, lo que sí satisface profundamente es aceptar ser maestro de Dios, regocijarte en la verdad y dejar que tu felicidad brille para todos. Así como un perro se sacude y deja pelo por todos lados, tú puedes dejar luz por dondequiera que vas y en quien quiera que se cruce por tu camino. ¿Cómo se hace eso? Haciendo lo siguiente:

- Viendo la perfección en todo y en todos.
- Siendo agradecido.
- Dejando ir los *grandes problemas.*
- Sonriendo mucho.
- Dando un paso atrás y dejando que el Espíritu Santo te guíe.

A veces se te va a olvidar; es muy fácil caer de nuevo en los viejos patrones de miedo y egoísmo. Pero te prometo que, mientras más consciente estés de tus pensamientos, más fácil se te hará siempre escoger el amor y dejar el pasado bien atrás, donde tiene que estar.

PUNTOS CLAVES

- Nos quedamos estancados en la vida por nuestros pensamientos, no por nuestras circunstancias.
- No vas a encontrar la felicidad en tu zona de confort.
- Puedes transformar el hábito de la preocupación compulsiva a través de la meditación (y no lo tienes que hacer perfectamente).
- La resiliencia es la capacidad para recuperarte después de las desgracias — y podemos enseñarnos esto los unos a los otros.
- Para vivir feliz, tienes que sanar el síndrome del "Yo, yo, yo."

CAPÍTULO 8

Tú te estás preparando

Los milagros surgen de un estado mental milagroso,
o de un estado de estar listo para ellos.

UCDM, Cap. 1, Sección 1

Cuando los atletas se preparan para las Olimpiadas, entrenan excepcionalmente duro y mantienen un nivel intenso de compromiso, motivación y práctica. ¡Esto es lo que espero que hagas ahora! No más excusas, no más alimentar tu pequeñez. Tú tienes algo más grande que una medalla que reclamar; tienes que reclamar tu propósito en el mundo, es decir, ¡tu felicidad! Todo lo que has leído hasta este momento te ha preparado. ¡Ahora te toca a ti! Como te dije al principio, este libro no te puede dar la felicidad, tienes que realmente quererla. Eso es lo que yo tuve que hacer y, para hacerlo, tuve que quitarme del medio para no contradecir lo que verdaderamente deseaba.

Estos son algunos de los pensamientos limitantes que tuve que cambiar para estar preparada:

> "Yo sé que soy el Amor mismo, pero quiero encontrar un hombre que me haga feliz."
> "Creo que tengo abundancia interior, pero no tengo suficiente dinero en el banco."
> "Soy una gran actriz, ¡pero ir a audiciones me aterroriza!"

En la introducción, te conté acerca de mi lucha interna al ir a misa, leer libros de auto-ayuda (incluyendo *Un curso de milagros*) y que como quiera terminaba sintiéndome infeliz. Tenía buenas ideas, pero no estaba en sincronía con mi Verdadero Ser. Quería vivir una vida feliz, pero mis pensamientos y acciones no estaban alineados. Me mantenía sumida en pequeñeces, cuando en verdad quería vivir en mi magnitud.

Al aferrarnos a nuestro ser separado con intereses individuales, perdemos contacto con el Verdadero Ser porque la unión y la individualidad no pueden coexistir.

¿Qué es la pequeñez?

La pequeñez es el ser con quien te has identificado desde que comenzaste a creer que estabas separado de Dios, es decir, de la conciencia absoluta y constante del amor. Es la parte de tu mente que se siente limitada e indigna. La mayor parte de nosotros vivimos en este espacio diminuto, ¡y ni siquiera nos damos cuenta! Defender tu individualidad significa que estás tratando de quedarte pequeño. Cuando buscas tu felicidad como un regalo que te tiene que dar el mundo externo, estás preservando tu concepto del "yo" separado. El Curso lo pone así: "Cuando te lanzas en pos de cualquier cosa en este mundo creyendo que te ha de brindar paz, estás empequeñeciéndote y cegándote a la gloria" (*UCDM*, Cap. 15, Sección III).

Luchamos hasta el cansancio tratando de conseguir y recopilar unos fragmentos pequeñitos del mundo, cayendo en la trampa de creer que eventualmente nos van a dar la felicidad, cuando la verdad es que ya lo tenemos todo. Por eso es que el tema de la "abundancia" es tan popular. Se nos anima a visualizar la relación perfecta, el carro lujoso, la carrera exitosa y todo lo demás, sin darnos cuenta que lo que estamos haciendo es alimentar el sentido de pequeñez. Deseamos cosas como el dinero porque nos sentimos pequeños y necesitados. La solución no está en conseguir más, la solución está en reconocer la abundancia dentro de nosotros. En un momento hablaremos de la abundancia verdadera, pero primero, vamos a estar bien claros sobre lo que no lo es.

La abundancia falsa

En el mundo en que vivimos, nos vemos tentados a definir la abundancia en términos materiales. Trabajamos constantemente para conseguir dinero y cada día más cosas, a veces lográndolo y a veces quedándonos cortos. De hecho, la búsqueda de "más y más" es una de las formas favoritas que tiene el ego para hipnotizarte diciéndote: "¡Sólo puedes ser especial por lo que posees, por lo que te pones o por cuanta gente impresiones!"

¡Pero eso es pura mierda! Te puedes comprar un traje bonito para recibir un premio que ganaste y puede ser que te sientas feliz por un rato. Pero esa felicidad nunca dura, es un truco. Cuando de verdad miras lo que yo llamo el "Sistema de no-abundancia del ego," vas a ver que sus raíces están enterradas en una sensación de escasez que nunca acaba. Un mes después, ni el premio ni el traje van a significar mucho y vas a estar en búsqueda de algo nuevo que te satisfaga. ¿Cómo podría ser eso la abundancia? No puedes vivir feliz mientras pienses que tu abundancia está afuera de ti y que tiene que ser reabastecida por fuentes externas.

Así que vamos a hablar sobre el tipo de abundancia que te ayuda a dejar ir la pequeñez en vez de reforzarla.

¿Qué es la verdadera abundancia?

La consciencia plena del amor en tu mente, el saber qué es tu herencia divina…ésa es la abundancia que te pertenece. Es saber que eres uno con Todo, que eres santo y completo. Nada externo a ti te define porque sabes que ya lo tienes todo.

Cierra los ojos en este mismo instante y quédate quieto. Trata de no pensar en nada. Imagina que te relajas hasta el punto que sientes derretirte en tu cama o silla, mientras sientes el aire a tu alrededor. Ahora, abre los ojos y respira. Siente la quietud dentro de ti, eso te va a dar una idea de lo que es real.

La verdadera abundancia es el reconocer que eres como Dios te creó. Eso quiere decir que no sientes escasez dentro de ti y que no tienes que vagar por el mundo sin rumbo, tratando de encontrar algo que te dé la satisfacción que buscas.

Podrías preguntar: ¿Cómo puedo creer en este tipo de abundancia? ¡Necesito un techo, dinero y ropa!

Y ¡yo te entiendo! Cuando vivimos en este mundo, sí aparenta ser que necesitamos cosas. Pero cuando eres capaz de descubrir esa quietud dentro de ti, siempre tendrás un compañero interno que te ayudará a encontrar lo que necesitas en el mundo material. No vas a tener que renunciar a tu ropa (aunque eso sería interesante) o dejar de comer. Pero sí vas a darte cuenta que las cosas de este mundo no son quién tú eres. Ya que siempre vas a poder encontrar tu riqueza interior, vas a saber que eres mucho más que lo que cualquier adornito te podría dar.

No digo que no puedes disfrutar las cosas materiales; sólo que te quedes muy pendiente de lo que haces y lo que valoras. No te pierdas en el mundo; no dejes que te defina. Al vivir en la verdadera abundancia puedes atraer las cosas mejores de la vida — pero las vas a disfrutar más porque no vas a tener miedo de perderlas. Ahora que estás despierto, puedes experimentar un tipo de abundancia al que no le puedes poner precio.

Manifestando mi abundancia

Siendo actriz y anfitriona de televisión por la mayor parte de mi vida adulta, nunca tuve ingresos estables. Sólo ganaba dinero cuando me daban un papel. Esto me ayudó a aprender a confiar en el flujo de dinero en mi vida y la seguridad que viene de saber que siempre tengo provisión. Sí, hubo veces después de mi divorcio que lo que me quedaban eran unos pesos en el banco pero ni me preocupé. Pagaba mis cuentas felizmente, sabiendo que mi fuente es inagotable. Yo nunca sufrí de pensamientos de escasez y ¡gracias a Dios porque mis problemas con los hombres han sido suficiente!

Decidí mudarme de mi apartamento en Los Ángeles en la primavera del 2013, cuando el mercado de bienes raíces estaba hecho pedazos. La única opción que tuve fue vender el apartamento por menos de lo que lo había comprado. Un día me quedé sorprendida cuando el muchacho que estaba manejando la venta muy amablemente me dijo, como si estuviera haciéndome una pregunta: "¿Eres tan feliz? Acabas de pasar por un divorcio, perdiste un bebé, no tienes dinero, estás vendiendo tu apartamento por menos y eres feliz…¿Cómo?"

En ese momento, sentí una ola de amor recorrer mi cuerpo porque me di cuenta de lo libre que me sentía. Estaba agradecida y orgullosa de mí misma y no lo había notado antes. Fue un momento bello. Dije, "Sí, soy feliz, porque yo sé que nada de eso realmente importa. Mi provisión es eterna y no tiene nada que ver con este mundo." De repente pude ver que todas las cosas que me habían pasado eran regalos, cada una dándome una oportunidad de recordar quien era en realidad. Esta es la verdadera abundancia y ¡estoy muy agradecida porque estuve lista para aceptarla!

Práctica: Una oración de abundancia

Aquí te comparto una oración breve que puedes usar así como está o que puedes adaptar a tus propias palabras para ayudarte a enfocarte en la abundancia interna. Si estás sufriendo por dinero o por alguna otra escasez material, úsala a diario para llegar a la raíz del problema:

"Gracias, Dios, por la conciencia de abundancia que ya existe en mi mente. Estoy dispuesto a entender mi herencia a un nivel más profundo. Dejo ir mi identificación con el cuerpo y con todo lo externo. Regreso a tus brazos y reconozco que lo tengo todo y no me falta nada. Amparado en la verdad, soy uno con todo, soy íntegro y santo. Gracias, Dios, por nunca abandonarme, por siempre estar aquí adentro de mí. Y gracias por darme al Espíritu Santo como una herramienta divina para conectarme con mi esencia que nunca ha dejado de existir."

¡El momento feliz es ahora!

Para estar listo para la felicidad, tienes que estar en el aquí y el ahora, tal como lo hacen los atletas olímpicos que ponen toda su energía y enfoque en lo que van a hacer. Mientras que sí es verdad que puedes existir sin estar muy consciente de dónde estás ni de lo que estás haciendo, tienes que estar en el presente para realmente vivir. Cuando tu atención está en el momento, no estás lamentándote por el pasado o anticipando el futuro. En este momento feliz, puedes oír la guía del Espíritu Santo y puedes vivir la eternidad en un "instante santo." Como nos dice el Curso, sólo un instante es suficiente para "re-establecer la perfecta cordura, la perfecta paz y el perfecto amor" (*UCDM*, Cap. 15, Sección I).

¡Este momento es el que es! Aquí es donde radica tu poder, porque es cuando puedes escoger ser lo más feliz posible. En este momento es cuando puedes escoger otra vez, no importa lo que haya pasado hace cinco minutos. En este mismo segundo, mientras lees, tienes el poder de cambiar tu experiencia al cambiar tus pensamientos, algo que es imposible si estás preocupándote por el pasado o por el futuro.

Todo lo que tienes que hacer es quedarte en el presente y prestar atención. Si lo haces, te aseguro que se te va a decir adónde ir, qué hacer, qué decir y a quién. "*Una vez hayas aprendido a decidir con Dios, tomar decisiones se vuelve algo tan fácil y natural como respirar. No requiere ningún esfuerzo, y se te conducirá tan tiernamente como si te estuviesen llevando en brazos por un plácido sendero en un día de verano*" (*UCDM*, Cap. 14, Sección IV).

Una de mis herramientas favoritas para quedarme en el Presente Feliz es el mantra: "No tengo que hacer nada." Probablemente estás pensando: ¿Qué quiere decir eso? ¡Claro que tengo que hacer cosas! Tengo que pagar mis cuentas, tengo que ir al banco, tengo que cepillarme los dientes…. Pero, la verdad es que no tienes que hacerlo. Tú *quieres* o *escoges* hacerlo. Por ejemplo, tú no tienes que pagar tus cuentas. Tú *quieres* pagar tus cuentas porque sabes que habrá ciertas consecuencias indeseables si no lo haces.

Eso es una decisión que has tomado por tu propia voluntad; no hay una fuerza más poderosa que tú obligándote a hacerlo. Estás manejando tu vida diaria de la manera que has elegido. Esta manera de pensar te ayuda a mantener tu sentido de poder y responsabilidad. Más allá de eso, lo único que tienes que hacer es dejar que la parte más alta y más sabia de tu mente — el Espíritu Santo — guíe tus decisiones. Entonces todo cae en su sitio con facilidad y gracia. No tienes que arreglarlo todo o planificar en caso de que lo peor pase. Con ayuda divina, puedes simplemente permitir que lo mejor pase.

Práctica: Practicando la presencia

Cuando te levantes por la mañana, presta atención a cada movimiento que haces: pon tus pies en el piso y nota como se sienten. Cuando agarres el cepillo de dientes, hazte consciente de esto y piensa "¡mira lo que puedo hacer!" A lo mejor eso suena como una tontería, pero es muy útil reconocer que estás escogiendo cepillar tus dientes en esos momentos ¡y que mira lo bien que lo haces! Haz lo mismo cuando abras el refrigerador o te cepilles el pelo. (¡Mira qué bueno soy en esto! ¡A la verdad que la práctica hace la diferencia!) Todo lo que hagas, reconoce que has escogido hacerlo.

La mayor parte de nosotros encontramos muchas oportunidades para estar en el presente cuando manejamos. Cuando estés en una luz roja, en vez de estar pensando en el sitio a donde tienes que llegar, en que estás tarde o que tienes hambre, presta atención a tu entorno. ¿Qué está a tu alrededor? Deja ir cualquier pensamiento del pasado o del futuro y prueba pensar esto: ¡Este momento es perfecto! Quizás puedes mirar a la persona en el carro al lado tuyo o a alguien que veas pasar en la calle y le puedes enviar bendiciones en tu mente. Deséales lo mejor.

Para finalizar, expresa tu gratitud por ese momento en el tráfico pensando: "¡Soy el creador de todo esto! Decidí estar aquí para ver toda esta energía en movimiento en este momento en particular." Después, da las gracias por el regalo de existir.

Con práctica, puedes aplicar esta destreza de permanecer en el aquí y ahora en toda situación en la que te encuentres. Aun si la circunstancia o evento te parezca mundano al principio, tu presencia puede transformarlo en algo extraordinario que te ayude a montarte en el tren de la felicidad…¡chu chuuu!

Prepárate para vivir feliz

Al prepararte para vivir feliz, hazte las siguientes preguntas y contéstalas lo más honestamente posible:

- ¿Qué situaciones me están haciendo daño a mí o a otros al yo verlas como reales?
- ¿Qué cosas o situaciones estoy creyendo que son especiales? ¿Qué es lo que estoy haciendo para sentirme especial?
- ¿Cómo estoy manifestando la separación en mi vida?
- ¿De qué manera soy adicto a mi pequeñez?

No puedes vivir feliz haciendo excepciones. Estás dedicado al 100% o no lo estás. Tienes que realmente querer cambiar y tienes que poder decir lo siguiente con convicción:

- Estoy listo para soltar los rencores.
- Estoy listo para dejar de buscar la felicidad afuera de mí.
- Estoy listo para perdonar.
- Estoy listo para dejar de juzgar.
- Estoy listo para sentirme digno.
- Estoy listo para ver las cosas de una manera diferente.
- Estoy listo para dejar ir las ilusiones.
- Estoy listo para vivir en la mente de Dios.

Y es mejor que estés listo porque en el capítulo 9, ¡llegamos a la meta!

PUNTOS CLAVES

- La pequeñez es el ser con quien te has identificado desde que comenzaste a creer que te habías separado de Dios, es decir, de la conciencia absoluta y constante del amor.
- Buscamos y nos conformamos con pequeños fragmentos del mundo cuando podríamos tenerlo todo.
- No puedes vivir feliz si piensas que tu abundancia está fuera de ti y que tiene que ser reabastecida por fuentes externas.
- La verdadera abundancia es reconocer que eres como Dios te creó.

- Cuando estás en el aquí y ahora, no te lamentas por el pasado ni anticipas el futuro.
- Estar presente significa aceptar que has escogido hacer lo que quieres, en vez de sentirte presionado por todo lo que "tienes" que hacer.
- Puedes practicar estar presente en cualquier momento, no importa las circunstancias.

CAPÍTULO 9

¡Tú puedes vivir feliz!

La Voluntad de Dios para mí es perfecta felicidad.

UCDM, *Libro de ejercicios*, Lección 101

¡Felicidades! ¡Has llegado al final feliz! Te puedo asegurar que después de esto no vas a experimentar el mundo de la misma manera. Ahora tienes tus lentes del Espíritu Santo puestos y, no sólo te ves bien chic, sino que también puedes ver las cosas de una manera muy diferente. Debes estar agradecido y orgulloso de ti porque has llegado hasta aquí por tu GRAN dosis de buena voluntad.

En este instante, siéntete orgulloso de ti por tu dedicación a leer este libro y por haberte comprometido a vivir feliz.

Puedes también observar donde fuiste capaz de haber hecho las cosas mejor, ¡pero sin juzgarte! Todo lo que has hecho te ha traído adonde estás ahora, y este momento es absolutamente perfecto. De ahora en adelante no vas a tolerar tu pequeñez. No más juegos; no más basura. Ahora estás dedicado a vivir tu vida como Dios te creó.

Puedes declarar y con convicción:

Soy amoroso y SOY amor.

Soy pacífico y SOY paz.

Soy abundante y SOY abundancia.

Soy feliz y SOY la felicidad.

Soy confiado y SOY la confianza.

Esta afirmación nos lleva al último ingrediente de la receta para vivir feliz: la confianza. Para despertar al amor que es tu verdadera identidad tienes que estar consciente de donde estás poniendo tu fe. Primero, vamos a distinguir entre las viejas ideas de lo que es la confianza y las nuevas que te voy a enseñar.

La confianza vieja versus la nueva

El concepto tradicional de la confianza es el que aprendiste de pequeño. Es la fe que tienes en tu percepción limitada, por ejemplo: "Voy a confiar en ti porque parece que eres una buena persona." O "voy a confiar en esta situación porque todo salió bien en el pasado." Ese tipo de confianza depende de tu "yo" pequeño y presume que estás separado del mundo, es decir, subconscientemente crees que proyectando tus miedos hacia allá afuera, en el mundo, te vas a liberar de ellos y esperas que cosas externas te vayan a hacer feliz.

Ese es el concepto de confianza del ego.

El nuevo concepto de confianza del que te voy a hablar es el que te va a liberar de todos tus supuestos problemas.

Con este tipo de confianza, sabes que el amor es tu verdadera esencia, lo que significa que te identificas con el Ser que realmente eres. No hay necesidad de preocuparse en ninguna circunstancia porque pones tu fe en el amor que sana todas tus percepciones erróneas. ¡Esta confianza sí que te trae paz, amor y muchísima alegría! La nueva confianza depende del Espíritu Santo y como nos dice el Curso: "Todavía tienes muy poca confianza en mí, pero ésta aumentará a medida que recurras más y más a mí — en vez de a tu ego — en busca de consejo. Los resultados te irán convenciendo cada vez más de que ésta es la única elección cuerda que puedes hacer. Nadie que aprenda por experiencia propia que cierta elección le brinda paz y alegría mientras que otra le precipita al caos y al desastre tiene más necesidad de persuasión" (*UCDM*, Cap. 4, Sección VI).

Yo empecé a entender el concepto de la verdadera confianza cuando colaboraba con el místico David Hoffmeister, mi querido amigo y colega. Íbamos a dar una charla juntos en la Iglesia Unity Burbank titulada "Noche de Milagros." Esto fue una de mis primeras colaboraciones y estaba muy emocionada y ¡bastante nerviosa! Me acuerdo haber llegado a la iglesia y haberle preguntado a David, "Bueno ¿y de qué vamos a hablar?" Él me contestó muy calmado, "No sé." ¡Me quedé boquiabierta! Le pregunté, "¿Qué quieres decir con eso?"

"Vamos a estar presentes y dejar que el Espíritu Santo nos guíe," sugirió. Aunque estaba un poco asustada, yo sabía muy dentro de mí que eso era lo que teníamos que hacer. Nuestra charla de dos horas fue excepcional, porque los dos permitimos que el Espíritu se expresara a través de nosotros.

La presencia calmada y confiada de David me dio la seguridad para aquietarme y permitir que las cosas sucedieran naturalmente.

Después de esa experiencia, mi concepto de la confianza cambió. Me empecé a desapegar de los "problemas" de este mundo. Permití que todo sucediera sin preocupación o juicios, quitándome del medio y dejando que el Espíritu Santo obrara.

La verdadera confianza cambió mi vida

En otra ocasión, acabando de regresar de dar una charla en Colorado, estaba desempacando y pensando en lo que iba a hacer para cenar. Empecé a fantasear con un plato de pasta con berenjena y una copa de un exquisito Pinot Noir, pero la visión se interrumpió cuando me di cuenta de que ¡mi cámara de vídeo no estaba por ninguna parte! La había dejado debajo de mi asiento en el avión.

La ansiedad me invadió por un momento — yo usaba esa cámara para grabar todas mis charlas, me ayudaba muchísimo a diseminar mi mensaje. Consideré guiar al aeropuerto para tratar de encontrarla pero titubeé ya que eso significaría perderme la cena tan deliciosa que había planeado. ¿Qué tal si guiaba todo ese trayecto al aeropuerto y como quiera no la encontraba? Sentí que me estaba hundiendo en un remolino de sentimientos de victimización, algo que me era muy familiar.

Entonces, en un abrir y cerrar de ojos, mi miedo se desvaneció. Me di cuenta que, si se suponía que encontrara mi cámara, así iba a ser. Decidí confiar en que todo iba a

suceder de la mejor manera posible, en vez de temer lo peor
y sentirme triste porque posiblemente hubiese perdido algo.
En ese momento, toda duda se disipó. Agarré una barrita
de proteína y me fui al aeropuerto. Ya cuando llegué eran
las 10 p.m. y todas las oficinas de reclamo de equipaje estaban cerradas *excepto* la que yo necesitaba (Spirit Airlines —
"Aerolíneas Espíritu" — por supuesto). La única empleada
que todavía estaba allí estaba hablando por teléfono. Otro
pasajero entró al mismo tiempo que yo, pero lo dejé pasar
a él primero ya que en mi mente oí claramente: "Cuando
confías, nunca hay prisa." En esos momentos, me sentí tan
calmada que casi ni me reconocía.

Cuando la empleada finalmente me atendió y le dije que
había dejado una maleta debajo de mi asiento en el avión,
tomó mi información y me dijo, "Puede haber sido robada."
Sin saber por qué, le contesté, "No, eso no es posible." Ella se
encogió de hombros y habló por su radioteléfono, tratando
de encontrar a alguien que todavía estuviera en la puerta
de embarque. No consiguió respuesta así que me dijo, "La
llamo después si la encontramos. Puede tomarnos bastante
tiempo." Pero la confianza en mí me dijo que fuera paciente
y firme. "No tengo prisa. Yo espero hasta que alguien con-
teste."

Para mi sorpresa, se sonrió y respondió, "¡Vamos a la
puerta de embarque!" Apagó las luces, cerró la puerta y su-
bimos al segundo piso. Ella se dirigió hacia el área restrin-
gida y me dijo que la esperara en el pasillo. Pasaron viente
minutos y ella reapareció, diciendo que no encontraba a
nadie así que mejor me fuera y ella me llamaría después.
Pero yo sabía que debía esperar y ella fue lo suficientemente

amable como para tratar otra vez. Unos minutos más tarde, ella volvió…con el bolso que tenía mi cámara al hombro y preguntándome: "¿Es éste?"

Mientras manejaba hacia mi casa del aeropuerto esa noche, lloré de alegría — no porque tenía mi cámara de vuelta pero porque había hecho las cosas de una manera tan diferente de cómo siempre las hacía. No me quedé en casa sintiéndome como una víctima del destino o culpándome por haber perdido mi cámara. Cuando realmente confiamos, no nos rendimos y tenemos la expectativa que nos pasen cosas buenas. Descubrimos un lado de nosotros más enérgico y seguro de sí que cuando estamos en un estado de desconfianza. Después de ese episodio, nunca fui la misma. Ya no me preocupo.

Sumérgete en la confianza

Para vivir feliz, tienes que sumergirte plenamente en la confianza que te permite salirte del medio y dejar que el Espíritu Santo te guíe. Cuando el sueño del ego ya no sea real para ti, ¡ahí es cuando empiezas a divertirte! Desde que olvidaste que eres amor, has puesto tu fe en las voces de duda, miedo y preocupación. A lo mejor eso estaba bien cuando era todo lo que conocías; pero, ahora que has leído este libro, ¡ya no tienes excusas!

Por si se te olvida, aquí te comparto cuatro pasos para volverte a alinear con tu confianza natural. Ojalá hubiese tenido yo esta guía cuando estaba sufriendo innecesariamente. Gracias a Dios, ahora sí la tengo — ¡y tú también!

1. Cualquiera que sea la situación en la que te encuentres, observa, quédate en el aquí y ahora y acéptala. ¡No resistas tus emociones! Si tienes miedo, permítete sentirlo. En vez de dejar que te domine, úsalo para volver a la verdad. No juzgues los sentimientos que tengas; son pasajeros y tarde o temprano se irán. Lo importante es saber cómo usarlos.

2. Pregúntate: ¿Qué estoy viendo como un *gran problema*? Por ejemplo, a lo mejor te dieron una multa o recibiste una calificación pobre; a lo mejor tu esposo/a te traicionó o un ser querido murió. Todos pasamos por esas situaciones; pero, aunque no lo creas, hay una alternativa. Puedes soltar y dejar ir la manera tradicional de ver las cosas y permitir que tu Verdadero Ser sea el juez. Sencillamente di: "Espíritu Santo, juzga esto por mí."

3. Ahora, quítate del medio. Aun cuando notes que estás juzgando, tratando de justificar las cosas, sintiendo culpa o miedo, puedes salirte de tu propio camino al entregar esos sentimientos a tu Ser Superior. Así es que se convierten en señales para regresarte a la verdad.

4. Finalmente, confía. Los primeros tres pasos te llevan a este poder. Cuando confías en tu Ser Superior, sabes que todo lo que sucede es perfecto. Aun si se te olvida a menudo, este paso te va a recordar que eres como Dios te creó.

Esta es una imagen que te puede ayudar a recordar el proceso: Imagínate que tienes un arco y una flecha, apuntando a la Verdad. Primero, tienes que poner la flecha en el arco.

Esto simboliza tomar responsabilidad por todo lo que sientes, no importa cuán afilado o peligroso pueda parecer. A lo mejor te has hincado con esta flecha por mucho tiempo y te ha hecho sangrar; ya no importa. Al comprometerte a confiar, has recogido el arco del Espíritu Santo, que te ayuda a dirigir esa flecha en la dirección correcta. Acércate la flecha al pecho, a tu corazón, sabiendo que es tuya, sabiendo que eres capaz, que eres ilimitado, que vives en un estado de gracia, y que siempre lo estarás. Entonces deja ir la flecha y ahora...confía. Cuando le des al blanco de la Verdad, lo sabrás por la sensación de felicidad que sentirás. Si no das en el blanco, no te preocupes, tienes muchas otras flechas con las que practicar.

Práctica: Mi plan de la felicidad

La mente necesita práctica espiritual y disciplina. Al conocernos a nosotros mismos y liberarnos de los conflictos en nuestros pensamientos, podemos despertar a nuestro verdadero propósito. Como dice *Un curso de milagros*, "Mi función y mi felicidad son una" (*UCDM*, *Libro de ejercicios*, Lección 68). Eso es lo que quiero decir cuando hablo de vivir feliz — vives feliz porque es tu función y porque no lo haces sólo por ti mismo; lo haces por todos.

Algo que he encontrado útil es hacer lo que yo llamo un "Plan de la felicidad." Hago uno cada dos meses y me ayuda a enfocar mi atención y mantener clara mi intención de ser feliz. Tiene cinco pasos:

1. Pon tu intención.
2. Crea y repite afirmaciones.
3. Comprométete.
4. Mantente abierto y dispuesto.
5. Escribe oraciones.

Como ejemplo, abajo te comparto un Plan de la felicidad que hice y que puedes adaptar a tus circunstancias. Aun si tu plan cambia con el tiempo, es importante que tengas algo que te recuerde tus intenciones y al cual puedas referirte a diario; de lo contrario, ¡las distracciones y los viejos hábitos pueden tomar el mando otra vez!

Plan de la felicidad para mayo y junio:

1. Intención: PAZ
2. Afirmaciones:

   Yo soy la paz de Dios.
   Yo escojo la paz de Dios ahora.
   Permito que el Espíritu Santo esté al mando de mi mente.

3. Compromisos:

   Declarar afirmaciones todos los días.
   Quedarme en el aquí y ahora y pedirle al Espíritu Santo que me ayude.
   Leer mi oración por las mañanas y por la noche.
   Hacer ejercicios cinco días por semana.

Meditar todos los días, no menos de diez minutos.

4. Estoy abierta y dispuesta a:

Visitar mi familia en Miami.

Producir un concierto espiritual llamado "One Love."

Crear un sitio de web nuevo.

Dar charlas en el extranjero.

5. Oración:

El final es seguro y los medios también. A esto decimos "Amén." Cada vez que tengas que tomar una decisión se te indicará claramente cuál es la Voluntad de Dios para ti al respecto....Así es como hemos de caminar con Él de ahora en adelante, recurriendo a Él para que nos guíe, nos brinde paz y nos ofrezca una dirección segura. El júbilo nos acompaña, pues nos dirigimos a nuestro hogar a través de una puerta que Dios ha mantenido abierta para darnos la bienvenida (del Epílogo del *Libro de ejercicios* en *UCDM*).

Ahora...¡alégrate!

Vivir feliz significa vivir agradecido por lo que está funcionando bien en tu vida y lo que no lo está. Esto es posible porque tu felicidad no depende de lo que está sucediendo en el mundo exterior. Tu felicidad refleja el crecimiento de tu propia conciencia, compasión y conexión con tu sabiduría interna.

Tu felicidad no viene del mundo; la felicidad es quien eres así que ¡ya existe dentro de ti! Siempre ha existido y siempre existirá, por toda la eternidad. Me acuerdo de esto todos los días al llegar a mi casa y ver a mis perritas, Sasha y Sophie, siempre emocionadas y felices de verme, sin importar lo que haya pasado ese día. Siempre sienten la misma emoción al ver a quien aman y esa manera de vivir es buena para todo el mundo.

Ahora que sabes cómo funciona tu mente y que tienes el poder de escoger tu propia experiencia, puedes llenarte de entusiasmo y alivio porque ya no tienes que sufrir. ¡Alégrate! porque ya sabes que no eres malo, que no vas a quemarte en el infierno, que no estás solo, que sabes cuál es el verdadero perdón…en fin, alégrate porque todo esto significa que estás finalmente listo para quitarte del medio y ¡vivir feliz!

Reconocimientos

Primero, quiero darme un reconocimiento a mí misma por quitarme del medio y escribir este libro después de sufrir de dislexia por tantos años, sentirme insegura con la gramática y ¡nunca, *nunca* haber creído que escribiría un libro! Así que — brindo por lo que escribí en Facebook después de una copa de Pinot Noir y que llevó a que todo esto sucediera.

Gracias de lo más profundo de mi corazón a: Mis queridos papás, María Sosa y Pablo Sosa; mi hermano, Jesús Felipe; los Reverendos Robert y Mary Stoelting de Caminos de Luz por las enseñanzas tan maravillosas que inspiraron el contenido de este libro; mi facilitadora de Caminos de Luz, Rev. Johannys Jiménez-Hartog, por inspirarme a convertirme en ministra; Tom Vargas, por asegurarse que mi mensaje se transmitiera al mundo; todos en la Iglesia Unity Burbank por haberme dado la oportunidad de hablar y por apoyarme desde el principio; mis queridos colegas David Hoffmeister y Gary Renard, por apoyarme y animarme; Georgia Hughes, por creer en el libro y decir que SI a publicarlo; mis estudiantes y clientes por su voluntad para ser felices; y mi agente y editor, D. Patrick Miller, por convencerme que escribiera este libro y embarcarse en esta aventura feliz conmigo. Patrick, nunca hubiese podido completar este libro sin ti.

Por último, gracias al Espíritu Santo por siempre cuidarme y guiarme en el camino.

Acerca de la autora

Cubana-americana nacida en Miami, Maria Felipe es una oradora, maestra y ministra a nivel internacional. Sus charlas mensuales en el Centro de Conciencia Espiritual Unity Burbank atraen audiencias tanto de habla inglesa como de habla hispana a través de todo el sur de California.

Antes de mudarse a California, Maria era modelo y actriz, regularmente apareciendo en comerciales y sirviendo de anfitriona de programas de televisión muy exitosos, como el del World Wrestling Entertainment, en el cual se presentaba frente a audiencias de más de veinte mil personas. Después de sentir un llamado espiritual, su vida cambió de rumbo y decidió estudiar con Caminos de Luz ("Pathways of Light"), una escuela religiosa acreditada y basada en las enseñanzas de *Un curso de milagros*, donde se ordenó como ministra. Maria ha aparecido como motivadora en los canales de televisión Univisión, Telemundo y CNN en Español. La revista *People en Español* una vez la llamó una "campeona sin rival."

Conéctate con Maria en:
www.mariafelipe.org
www.facebook.com/mariafelipefanpage
www.youtube.com/MariaCoconutTV
and on Twitter @revmariafelipe